李應元

牽手一生護台灣

目錄
／Contents

Part 1 政治啟蒙與挑戰黑名單

第一章 出身糖廠的少年

第二章 投入海外台獨運動

第三章　淬煉心智，投入抗爭

第四章　偷渡回台，挑戰當局

Part 2 返台後的政治參與

第三章　讓《經濟學人》雜誌專題報導的環保署長

第四章　環保外交突破

- 赴歐盟宣揚台灣的循環經濟 142
- 感慨：歐盟與荷蘭都是經濟與環境人才互通 144

第五章

最難捨，離開環保署

Part 3 人生最後一役：出使泰國

哀慟面對李應元逝世的事實

—李鴻禧—

年近耆耋，每聞門生噩耗，常會有「白髮人送黑髮人」的感傷。就沒想到在北投佛寺，面對應元素樸牌位接受他已逝世的事實時，我的哀慟竟遠超原先的想像。俟合掌拜辭時，回想絮絮片片軼事，輒悟出其緣由來。

自忖應元的事蹟功業，本書其他作者必有詳盡銘刻描繪。我只想綴拾若干對他印象落筆。

在台大講授憲法三十年，學生提早占座位是教室常態；厥惟在公衛系（必修）憲法課時，有位學生數次滿臉歉意、遲到入室。看他上課則聚精會神、認真聽講。偶爾下課後來問其疑難，我才發現他的問題頗有深度，對憲法也很理解，不遜於法律研究所的學生。這是第一次我對李應元留下的印象。這種跨出自然科學認真學習研究的態度，廼使他日後進出國會、政府，上下中央、地方，乃至參與學術研究、國際外交；都能以其長年累積的超人智慧，和他謙虛和睦待人，擅於鼎鼐調和，在各機關部會能盱衡時勢、觀照四方而創建優異業績遊刃有餘。

猶憶應元可能是出國留學前，到我研究室造訪告別時，靦腆致歉說出台大公衛研究

所下課後，只有十分鐘常趕不上到校總區上課，以致偶會遲到，也深深感謝我的憲法課給他很多高瞻遠矚的新知和啟示。在師生言談中，意外的他竟冒昧大膽地問我，在國家採動員戡亂緊急體制實施戒嚴令下，怎仍不避禁忌地講授歐美先進的民主憲政、自由人權。我感到他的熱誠關懷，就平靜淡淡地告訴他：

我考上公費留學到世界名門學府，專攻當時台灣法學界人士避之唯恐不及的憲法與人權；依當時台灣的政治生態環境，是要面對甚嚴的生命、身體、自由、人權的挑戰與考驗的。然而，台灣四百年來飽受默示錄四騎士的戰爭、饑饉、瘟疫和外來奴役統治之折磨與苦難。在「二二八事件」及之後「清鄉」、白色恐怖之歷史脈動下，我只有做唐吉訶德式浪漫幻夢，期待台灣能有多一些像印度甘地、捷克哈維爾、南非曼德拉、美國馬丁路德．金等非暴力革命家，使台灣能「和平革命」成為民主自由的獨立國家。事實上如果沒有師母李鳳儀的全力支持願同甘苦，我也會心存猶豫、畏懼如此的想法和做法的。

我仍清晰記得諄諄教誡應元，先別想這些事，把書讀好取得博士學位，其他的以後再說了。沒想到之後應元對「非暴力革命」瞭解的比我更深，實踐的也比我更多。所幸這股台獨動力，在一九八〇年民主潮流洶湧澎湃、共產或非共產政權之獨裁多數政權都骨牌式推倒崩潰；台灣「和平獨立革命」也同步成功。真要感謝天佑台灣。

應元對台灣獨立、政治優異業績，貢獻之量多質優不勝枚舉。其中最膾炙人口令人稱讚的是：

一、在台灣對世界憲法「第三人權新譜系」中環境權，其思想價值，法制體系仍然未熟稔時；他在環保署長任內，就創建了相當優異的理念推廣和法制基礎。

二、瞭解並推展立陶宛式「牽手護國家」工作，使蕞爾小國勇敢抵抗強大蘇聯的侵略。他提倡實施的「牽手護台灣」，台灣人「從台灣頭手牽手到台灣尾護台灣」，不但堅強了台灣人對抗外來的侵略，也成為震撼世界、國際大事的焦點。

在一般官場上，像應元這樣不在意官位大小、職等高低，祇要對台灣進步發展有所稗益的，他就樂於挑擔打拚，是稀有罕見的。卻也因這凡事戮力以赴的苦勞，使他積勞成疾、鞠躬盡瘁、死而後已。哀哉！

於今悼念應元同時，我很感謝他的另一半黃月桂，盡愛盡心，操勞受苦，全力支持疼護他。也請她節哀順變，與台灣人共同平靜地懷念李應元，長長久久。

台大法律學院名譽教授

李鴻禧

二〇二二年二月十七於新店釁齋

無限懷念，萬般不捨

—李安妮—

二十年前我們無緣成為政治工作上的搭檔，但之後的二十年我們卻成為至情至真的好友。你無論擔任哪一項公職，我總能直言跟你提出倡議與抗議。你從不動怒，可行的，你一定付諸行動，不可行的，你會用充滿善意與爽朗的笑聲，告訴我整件事的來龍去脈。爸爸曾說你是最適合扮演「桶箍」角色的人，果然二〇〇四牽手護台灣的大行動，就把台灣人都箍箍（哭哭）在一起了！

二〇二〇年七月二十三日你在出使泰國前，忙碌中仍不忘前來台北ＮＰＯ聚落為年輕朋友加油，不但仔細聆聽大家在做的事工，也承諾將台灣ＮＰＯ的經驗輸出。當時我雖察覺到你不若過往的健朗，但你的熱情、親和與行動力依舊展露無遺。

今夜你去到爸爸現在所在的主懷，你們是否仍在籌劃著另一場「牽手護台灣」的大行動？我們會好好守護台灣的！請你放心、安心吧！伊是咱的寶貝！

前台灣綜合研究院副院長

沒要緊，台灣交給我們

—蔡英文—

每當想起應元兄，腦海就會浮現他溫暖爽朗的笑容，以及他常掛在嘴邊的那句「沒要緊」。

我跟應元兄共事，最早是在陸委會主委任內，而在跟他見面認識之前，我就常聽朋友提起應元兄和他的事蹟，大家都是讚不絕口。

在一九八〇、一九九〇風起雲湧的年代，應元兄放棄美國優渥的生活，冒著黑名單的風險，回來為他深愛的土地、堅信的民主打拚。

威權政府說他是闖關，要用意圖叛亂罪逮捕他，應元兄則說這不是闖關，只是思鄉遊子被故障的紅燈所困，被迫「闖紅燈」而已。

在風聲鶴唳的政治氛圍下，應元兄潛伏躲藏十四個月才被逮捕，但黑牢沒有消滅他的信念。在台灣民主化運動的過程中，應元兄百折不撓，和民主前輩共同努力，最終衝破威權高牆，解禁黑名單、廢除刑法一百條，讓台灣踏上民主轉型的道路。

回想二〇〇二年二月，我在行政院會議上，第一次見到朋友口中的應元兄。當時他

剛接任行政院秘書長，讓我印象很深刻的是，應元兄是個「開會高手」，再怎麼嚴肅生硬的議題，他總是熱情地開場，尊重大家的想法，遇到意見不合時，也會幽默風趣地打圓場，有時搭配那句「沒要緊」，及時替大家解圍，並做出結論。

前陣子，網路上發起「一人一留言，懷念李應元」活動，許多朋友都提到應元兄的好人緣，這來自他對身邊朋友的體貼和細心，他總是律己甚嚴，待人寬厚大方。

應元兄不僅是我的好朋友、老同事，也是民進黨重要的成員。過去三十多年來，當我們勝選的時候，他隱身幕後不居功；當我們面對困境的時候，他總是義不容辭挺身而出，堅定地守護大家。

我第一次為候選人站台，就是二〇〇二年應元兄參選台北市長一役。造勢活動當天，上場前我很緊張，但想到這麼艱困的選戰，應元兄硬著頭皮拚下去，我咬著牙也要上場大力推薦他。

後來，當台灣面對軍事威脅的時候，應元兄發起「牽手護台灣」活動，最後號召兩百多萬人站出來，不僅完成這項不可能的任務，也團結社會的力量、向國際宣示守護台灣的決心。

去年，身為駐泰代表的應元兄請辭返國就醫，大家都很擔心他的病情，他則是在掛念本土疫情，希望能為台灣取得更多的疫苗。我有好幾次忍不住問了應元兄的情況，幕僚講著講著，不小心就紅了眼眶，其實大家平常都把不捨放在心裡。

每一位認識應元兄的朋友，都有屬於自己和應元兄的回憶。這本書不僅記錄應元兄出生成長的背景、參與民主運動的過程、出任公職以及投入選戰的故事，其中也有許多朋友對他的回憶思念。

我在閱讀這本書的好幾個篇章時，也都會想起我們當年共事的互動，也會再次想起他溫暖爽朗的笑容，還有那句常說的「沒要緊」。

應元兄，現在換我要跟你說「沒要緊」，守護台灣的任務，我們會繼續堅持努力下去。

總統

蔡英文

將生命獻給台灣的勇者

—賴清德—

從出身糖廠的少年，到積極投入海外台獨運動；從被國民黨列入海外黑名單，到代表台灣政府在海外推動外交。不管上天交付什麼使命，無論是在體制外為民主人權進行衝撞，或是在體制內為人民福利奉獻智慧與創意，在他生命的每一個轉折點，總能以無比的熱情，用盡生命的力氣，為自己的一生、也為台灣的民主進步，寫下令人驚嘆不已卻又恰如其分的精采篇章。

這是我所認識與敬重的民主前輩、將生命獻給台灣的勇者——應元兄。雖然，應元兄已經離開我們，但他那幽默的談吐與爽朗的笑聲，卻始終在我的腦海裡迴盪，彷彿在提醒曾經一起並肩作戰的夥伴：接下來，台灣就交給你們了！

應元兄處事靈活、身段柔軟、善於溝通，但對理想的堅持絕不打折扣，從內政到外交，不論處在什麼位置，總是為台灣全力以赴，將工作做到最好，即使抱病，依然堅守崗位，為台灣的國際生存空間拚戰到最後。

謝謝應元兄對台灣這塊土地的奉獻與付出，對理想的堅持與熱情，我一定會和所有

熱愛民主的夥伴們，懷抱應元兄對國家的大愛，繼續一起牽手護台灣、深化台灣的自由和民主。

也要謝謝積極籌劃這本紀念文集的好朋友，因為你們的努力，不僅讓大家看見應元兄為了守護台灣所做的各項付出，也讓人窺見應元兄鮮為人知的感性與柔情。尤其，當我讀到他早年在海外「帶尿布搞運動」，每天忙到三更半夜才回家，兒子連要說聲「父親節快樂」，都只能將卡片放在家門口的拖鞋上時，內心不禁一陣鼻酸。

對於夫人黃月桂女士從學校班對，幾十年來一路扶持應元兄，無論他逃亡或坐牢都不離不棄，成為應元兄一生對抗威權、追求民主路上最大支持與穩定的力量，更讓人深刻感受到身為民主運動人士家屬無私付出的偉大情操。

應元兄一生燃燒熱情，用青春血汗追逐夢想，讓大家留下滿滿的感動。期待我們大家繼續承擔守護台灣的責任，讓台灣的自由、民主與繁榮，持續在國際上大放光芒。

副總統

賴清德

勇敢智慧，有情有義

—謝長廷—

應元兄走了。雖然一直有心理準備，但聽到噩耗，仍然久久說不出話來。

應元兄勇敢、智慧、熱愛鄉土，做人有情有義，他的過世是台灣的損失。

我當立法委員時，他冒著危險，衝破黑名單禁令從美國偷渡回到台灣，突然聯絡說要到立法院研究室找我。坦白說，那時跟他不熟，也不知道他是否被監控，貿然見面，對雙方都有法律風險；不過他既然相信我，我也義不容辭答應。經過安排，他穿上我的綠色西裝，我穿著他的外套在立法院一起拍照，成功挑戰黑名單，振奮人心。

此後，我們兩人在民主路上攜手同行的機會漸多，我擔任行政院長時他任祕書長、我選總統他任總幹事、甚至我參與反核運動、台灣救國軍運動，他都不離不棄的支持，給予我很大的力量和鼓舞，他也因此受了不少委屈。

二〇二一年十月聽說應元兄病況嚴重，甚為擔心，特別寄上一則錄音，慰問他，也懇求他要堅強活著等我回台灣見面，想不到他還是先走了，真是令人不捨。

祈禱應元兄在天之靈安息，並希望家屬早日走出悲痛！

台灣駐日大使 謝長廷

民主的鬥士：台灣公衛之光

—陳建仁—

我認識應元將近半世紀，他是可敬的學弟、長年的好友、公衛的尖兵。我進入台大公共衛生研究所的時候，應元和月桂伉儷都是公共衛生學系的大四同學。碩士班畢業後，我在公衛系擔任助教，寒暑假帶領同學到鄉間服務，他們都叫我陳大哥，直到今日仍然習慣如此稱呼我。台大公衛系第一屆同學，像應元、月桂、敦厚等，都是令我佩服的學弟妹，人人都很優秀，對國家世界都很有貢獻。

我在美國約翰霍普金斯大學攻讀博士學位時，應元與月桂是在北卡羅萊納大學攻讀博士學位。我學成回國，繼續在台大公衛教書。應元積極投入爭取台灣自由民主的工作，不僅被列入黑名單，無法應聘回台大公衛教書；還在突破禁令回國後被捕，在土城看守所監禁了九個月，直到刑法一○○條修正通過後才無罪釋放。他全心全意推動台灣的自由、民主、法治，毫不懼怕強權威脅，是當時年輕一輩的民主鬥士！

我擔任台大公衛學院院長時，積極為新建公衛大樓而奔波。幸好有擔任立法委員的應元陪我到教育部，請教范巽綠次長和李吉祥會計長。他們建議我籌足配合款，就可以取得教育部的優先補助。台大陳維昭校長同意以台大醫院發展基金協助配合款，台大公衛大樓才能夠很快地順利完成。應元對台大公衛師生所做的貢獻確實功不可沒！

但是，他永遠是在默默耕耘，從不居功！

我在SARS流行高峰接任衛生署署長，應元擔任民進黨副秘書長，他給我很多的幫忙和協助。SARS疫情結束後，應元策畫發起台灣歷史上最大規模的公民活動「二二八手牽手護台灣」。我最近到立陶宛訪問演講時，立國資深國會議員們還津津樂道此事，鼓勵台灣努力對抗強權，爭取自由民主。

我最後見到應元一面，是在二〇二一年三月二十六日泰國國家科學院（NSTDA）舉辦的院長論壇上。我應邀在線上發表專題演講「全球健康與疫苗接種普及化」，除分享台灣抗疫成功之關鍵要素，並強調疫苗是終結疫情的利器，疫苗分配不應存在民族主義，必須透過國際合作來確保全球最多數人能接種疫苗。擔任駐泰大使的應元認同應該加強國際合作，他對台泰雙邊堅實之夥伴關係感到自信，泰國是我國「新南向政策」重要區域夥伴，兩國仍將持續科技創新領域的交流，以及醫衛抗疫的合作。當時，應元身形消瘦仍抱病致詞，我對他的戮力從公、鞠躬盡瘁深感敬佩與不捨！

應元已經離開我們到更美好的天鄉，他在天之靈依然守護著他深愛的台灣。感謝上天將應元賞賜給台灣和他的子民，應元是台灣公衛的先鋒、民主的鬥士、勞工的護衛者、環境的保護者、永續的推動者。台灣有應元真好！

中央研究院院士・前副總統

陳建仁

溫暖的形影，開朗的政治人

—李敏勇—

記憶裡，應元燦爛的笑容。那是他出使泰國前夕，我們夫婦應邀和幾位朋友宴請他的餐會，看得出手術後身體的清瘦。樂觀開朗的他，仍然懷抱以使節身份促進台、泰關係和服務在泰國台僑的熱情。一年多後，在電視晚間新聞看到他因病辭卸駐泰大使回台的形影，已是令人憐惜的模樣了。

記得他以黑名單闖關入境回國，經歷環台與搜捕他的警察捉迷藏，後來在松江路上的御書園餐廳時，被逮捕入獄。出獄後不久，家人也陸續從美國返台，兩個男孩在台灣就讀小學時，曾帶來舍下相見，是一九九〇年代的事。回台踏入政治之路的應元，從立法委員、參選台北市長、在雲林擔任副縣長。民進黨執政後，以副代表出使美國、兩次出任行政院秘書長，也曾出任勞委會和環保署首長，也曾一貫風格就是開朗、熱情。

二〇〇四年，阿扁競選總統連任時，仿效波羅的海三國人鏈跨越國土、宣誓守護自己國家獨立國格的運動，號召人民「牽手護台灣」，應元即為運動的策劃人，出色地促成台灣人民集體意志的展現。從一位在美國的台灣獨立運動參與者到民主轉型後、台灣民進黨執政的參與者，應元的政治身影與台灣息息相關。

一九五〇世代的他，台大公衛出身，北卡羅納大學健康經濟學博士。但他的人生重要之路是因緣際會參與台灣獨立運動，在民主化之路留下墾拓身影。對於台灣真正成為一個獨立的新國家，也許是壯志未酬，但他的形影仍然是動人的，會留在許多人的腦海。

在北投的一所佛堂，應元以簡單、素樸的形式與人世告別。我們夫婦去向他的人生作最後的致意時，是一個晚秋之日的上午。看到應元的孩子已長大成人、學有所成，也有了孫子，一代一代的傳承，生生不息的象徵。溫煦的陽光穿過鄰近樹木枝葉，照在周邊，可以感覺到某種溫暖。應元的靈魂應該是被溫煦的陽光照拂著，他的人生熱情洋溢，散發某種樂觀進取的力量，彷佛象徵著台灣這塊土地孕育、成長的意志和感情。

詩人 李敏勇

李應元從政的意義

—陳儀深—

應元兄性格開朗、溫暖，資歷豐富，去世以後從媒體看到的悼念不捨文字很多，但是從運動系譜或台灣民主化歷程而言，應元兄的位置何在、意義如何？

台獨運動的部分論者已多、茲不贅述，但應如何看待應元那麼多的任官經歷？個人認為，台灣的國家建立過程不是光靠意識型態和響亮的口號，而是包括許多台灣意識堅定的人參加選舉取得職位、擔任民代或官員而能夠為民眾解決問題、展現治績，台灣人所謂「當家做主」的資格能力，由此可予以驗證。

治國豈易為哉？以應元兄的經驗而言，最艱難的可能是環保署長任內，例如老舊車輛汰換以及（民俗信仰）少金少炮政策，在二〇一八年十一月底的地方選舉中飽受攻擊；尤其處理深澳電廠採用「超超臨界燃煤機組」以及桃園天然氣第三接收站的環評問題，牽涉國家發展的優先順序以及選舉政治的糾結，對此，本書留下應元的感慨：

> 看到一些跟自己一樣有著愛護環境之心、原本是可以一起打拚的同志，卻經常在別人發言中鼓譟插話阻止，甚至動輒提出誇大不實指控，認為唯有依照他們

的想法才是保護環境。……保護環境確實是最高的價值，但在成熟的公民社會，不一定適合用來合理化一切的言行。

以應元兄的溫和性格猶有這種沉痛之言！個人認為這一類記錄對台灣人的重要性，實不亞於前半生的闖關回台、土城歲月。

本書內容除了包含過去幕僚陳鴻達整理過的《人生的驚嘆號》，還補入後段公職生涯以及秘書林啟驊所撰「出使泰國」方面的經歷，完整呈現應元一生的故事，值得讀者一再探索、吟詠。至少對我而言，有再度認識、重新認識李應元的感覺。

要之，應元兄以一雲林子弟，在一九八〇年代留學美國時期投入台灣獨立運動，九〇年代返台以後投入民主選舉，並參與重要政務，他把生命完全融入台灣的民主獨立進程，雖不享高壽，其圓滿人生已然可以無憾。

國史館館長

陳儀深

緬懷李應元大使

—通才—

一見如故

一見到李應元大使我就體會到台灣政府對泰國的重視，很高興台灣政府派這位外交經驗豐富的高官駐泰。尤其，他除了具備經驗；更重要的成功條件是「人品」：李應元大使真的是人見人愛，值得尊重，才華洋溢的一位人士。

只一頓飯，沒意思

我們兩個人都是非傳統外交人物。按照一般的使節慣例，李大使出國赴任前，我應按禮節設一場晚宴；但我們超越慣例，安排了至少五次餐敘，每次都邀請不同人士出席，做好他出國前的最佳熱身。

人還沒到，心意已到

李應元大使在台灣備受各界人士尊重。有一天，雲林鄉親設午宴餞行。李大使關心泰國當時的疫情，得知泰國人民缺乏口罩，他當場一開口不到五分鐘，鄉親朋友們便慨捐一百萬枚口罩；並在二〇二〇年八月，也就是他赴任之前的兩個月，就已分別送到了泰國全國各地醫院以及泰國各駐外單位。

工作辛苦

到泰國之前我向李應元大使開玩笑說，曼谷是個好地方，什麼都有，但您的工作會很辛苦的，因為要做的事情太多了。泰國是東南亞地區台灣人居住最多的國家，超過十五萬人，註冊公司超過五千家。台灣人比日本人還要多；不光多，還很重要。

兄弟般的合作

李應元大使就任後，我們每天都通過 LINE 問候及討論工作。為了推動泰台友好關係，經常跳脫傳統做法，不分你我，因為我們有同一個目標：你做你的，我做我的，和我們共同合作。當聽到泰國各界人士都普遍讚賞李大使的成就時，我就感同身受，特別高興。

驚聞李大使辭職

台灣媒體報導李應元大使辭職的消息。我馬上與他通電話確認，得知是因為身體狀況不適而向總統請辭。他回到台灣後直接住院治療，雖因疫情無法親自去拜訪，不過我們仍每天 LINE 聯繫，直到媒體報導李應元大使昏迷、辭世。

泰國朋友、我本人，永遠緬懷我們敬愛、尊重的李應元大使。

前泰國駐台代表

通才

前言

永不止息的驚嘆號

執筆者：陳鴻達

二〇二一年十一月十一日晚間，李應元走完人生旅程，經過媒體報導後，臉書開始出現洗板潮。大家紛紛分享自己與李應元互動的小故事，這些親身經歷，未經修飾，更顯得真誠與感人。說他是暖男大叔的比例頗高，照顧年輕後輩令人窩心。有人為他源源不絕的創意，再加上執行的意志力而折服。也有人感念他在政壇打滾這麼多年，還保有赤子之心，不忘初衷，有時不免被欺之以方，而感到驚訝。

化作春泥護台灣

李應元生前與其夫人決定，身後不設靈堂，不辦公祭，採植存方式，化作春泥護台灣，希望藉最後的機會能夠改變台灣的喪葬文化。在其人生最後休止符上，輝映著他一生的理想與實踐。他一生陽光豁達，怎可最後一刻讓大家為他憂傷。他擔任過環保署署長，做的就是減輕地球環境的負擔。他吃台灣米，喝台灣水，一生為他熱愛的台灣打拚，最後這個皮囊也要回歸大地，守護台灣。

許多人感念他在二〇〇四年籌畫主辦二二八牽手護台灣活動，喚醒了台灣人認同，更是確立本土化板塊位移的方向。這個因緣最早可追溯到二〇〇二年李應元被徵召參選台北市長，李前總統在為其站台助講時說，李應元是一個可以帶領大眾，組織民眾，達成理想目標的人。就好像以前的人在牽罟捕魚一樣，一定要有人出來帶頭。二〇〇四年總統大選前，本土陣營氣勢相對低迷，李應元與好友黃文局想到組織動員百萬群眾站出來，在二月二十八日牽出一條北從基隆，南到屏東的長龍。這場活動擴大了本土板塊，也確立了位移的方向。

從政多年，李應元常提醒同仁：政治不必然爾虞我詐，也可保有純真與優雅，放輕鬆多一點人性。當年與情治人員捉迷藏落網時，他沒激情反抗，而是隨手拿出口香糖請他們吃，請他們放輕鬆一點。刑法一〇〇條修正後，他無罪獲釋，拿著一枝紅色玫瑰花，微笑走出土城看守所。在台灣還稱不上民主的時候，他從事政治都可以如此優雅，有人情味。

人生的驚嘆號

二〇〇〇年第一次政黨輪替，李應元辭去立委職務擔任駐美副代表。很快就博得同仁的信任，新舊僑的支持，順利推展各項工作。期間阿扁總統訪美，二十多位美國國會議員搭機赴紐約與阿扁會面，台美關係之熱絡可見一斑。

二〇〇二年內閣改組，李應元被任命為行政院秘書長。當時駐美代表程建人在歡送會上說，「李應元可能成為繼蔣彥士之後，最受外交系統同仁懷念的人。」李應元不禁感動的說，「我的人生沒有句點，卻是一連串的驚嘆號。」

是的，儘管之後李應元面對一連串的挑戰，但他一次次地以其樂觀豁達來應對，也呼應二十年前他自己說的，他的人生是永不止息的驚嘆號。

Part 1

政治啟蒙與挑戰黑名單

執筆者：陳鴻達、林啟驊

第一章

出身糖廠的少年

身段柔軟，臉上總是笑容滿面，是外界對李應元普遍的印象，鄉下出身的他，一口流利道地的本土語言，即使是後來身居要職也毫無官架子，在政壇給人的印象就是溫文、有風度的謙謙君子。

養豬與廟埕的童年

李應元一九五三年三月出生在雲林縣崙背鄉的客家村，父親李謀見是客家人，母親程目麵則是福佬人。閩客族群通婚的情況在崙背可說是相當普遍，每個孩子從小就能說兩種語言——台語與客家話。這裡沒有族群衝突的問題，大家都自認為是台灣人也是客家的子弟。

他的家境與其他鄰近農家孩子相比之下要稍微好一點，父親白天在虎尾糖廠（舊稱「虎尾製糖所」）工作。家裡還有一甲半的農地，種點水稻、蕃薯、蔬菜等，由媽媽來負責照顧。到了農忙的時刻，孩子們都要下田幫忙。田裡的事情忙得不得了，無一刻停歇。

小時候，他印象最深刻的事，就是割田埂中的雜草，總覺得田埂怎麼這麼長，怎麼

故鄉崙背

崙背，創建於沙丘之背後而得名。明鄭時期先民為躲避暴風及洪水，選擇地勢較高的沙丘偏南地帶定居。清朝年間，鄰近諸羅（嘉義舊稱）人口增加，便以此沙丘為界，稱南面地帶為「崙前」；稱沙丘北面村莊，乃以「崙背」為名。這個名字承載著先民胼手胝足，篳路藍縷，以啟山林的辛酸與苦難。

日本時代，崙背鄉仍隸屬台南縣轄域。國民黨來台後，行政區域調整，始再隸屬於雲林縣至今。

割都割不完。有時朋友到家裡找他，他一邊跟他們聊天，一邊割草，嘴巴一直在說話，手也不能停下來，其他如引田水，施肥灌溉拔草等工作都稀鬆平常。

但是即便如此，每學期學校註冊費對家裡仍是一筆大負擔，父親總是以「帳單又來了」形容每年的註冊費。對家裡來說，這筆龐大的開銷，必須以賣豬所得來度過，因此養豬成為他年幼時的課外重要工作。每天一大早起床，就要忙著到田裡割番薯葉、煮豬菜，來餵食豬隻。然後，才開始準備上學。豬寮也要定期沖洗打掃，把豬寮整理乾淨。從煮豬菜餵豬、清洗豬寮、挑豬糞到田裡灌溉，這類的工作，家裡每個孩子都逃不了。

即便如此，他的幼年過得相當快樂，小溪裡戲水抓魚蝦，橋頭下等小烏龜，河岸邊夕陽下騎牛，池塘邊抓蝌蚪，星空下聽故事，看著月影跟人走，童年生活相當自在。

小學時，班上大約有一半的同學來自農村，一半來自街上。從衣著與零食的習慣上，可以看出同學之間家境的差距。有一次不知為何打群架，雙方一夥人相約在教室走廊上比畫了起來。有錢人家的孩子們買小土炮壯膽，農村的孩子則是依靠體力來取勝，一場混戰下來勝負不分，大家打成一片，和平作收。但他小小心靈中隱約感受到貧富差異的不公平，許多疑惑也開始在他腦袋中萌芽。這種對社會不公平的敏銳，後來促使他開始探討政治問題、投身社會改革，有著不可分割的關聯性。

他的家住在廟邊。廟前的廣場，是村里居民日常生活最重要的社交地點，每到黃昏，廟埕上就會坐滿乘涼開講的大人們，話題從古往今來的歷史人物、稗官野史，無所不談。他的父親很好客，經常邀請朋友到家裡喝茶聊天，喜歡跟在一旁聽大人說話的他，也練就一身用鄉土俚語談天說笑的本領。同時，養成他喜歡結識朋友、邀請朋友到家裡作客的習慣。

空閒時刻，父親就會在黑板上寫古詩，要他們背誦。印象最深刻的一句是「少年易老學難成，一寸光陰不可輕，未覺池塘春草夢，階前梧葉已秋聲」。沒有艱深的大道理，但父親的言談身教，讓生活的價值，一點一滴影響年幼的他。他家中一直有訂閱報紙，父親看報紙極為仔細，連帶著也影響到家裡孩子們的閱讀習慣。

如果說煮豬菜餵豬是他的早課，傍晚聽大人們閒話嗑牙就是他的晚課。

他父親雖然與政治刻意保持距離，但對時事卻相當關心，與朋友聊天時經常議論起政局。他小時候最常聽父親與朋友談論起前省議員同時也是公論報創辦人——李萬居的故事。非國民黨籍的李萬居從一九四六年當選參省議員開始，議會問政時間長達二十一年。可以說，在戰後二十年內，他是政壇上反對運動的指標人物，民間留傳了許多有關他不畏權勢，急公好義，敢於辦報反抗權威的事蹟與故事。對小時候的李應元來說，李萬居是個很神奇的人物，認為他是公正與正義的化身。

他從李萬居身上體會到，只要站在對的一方，即使與體制對抗，還是可以得到人民的支持。這種對政治很樸素的認知，深深影響了李應元，為後來的他，樹立了一個正直熱心的從政標準，對於不公不義的反抗意識，也一點一滴在心中萌芽。

李萬居

李萬居（一九〇一年至一九六六年），字孟南，雲林縣口湖鄉梧北村人，有「魯莽書生」稱號。法國巴黎大學畢業，中國青年黨資深黨員。二二八事件之後，李萬居創辦《公論報》，闡述民主、自由、進步的理念。一九四六年，他當選第一屆台灣省參議會議員，並擔任副議長；之後又連任四屆台灣省議員。他在議壇上直言敢言、勇於評議當局缺失，讓他與郭雨新、許世賢、郭國基、吳三連、李源棧被譽為省議會的「五龍一鳳」，但也使他被當局視為眼中釘。

雞婆性格，熱血少年時

中學時，李應元來到台中一中唸書。離開小農村，與來自四面八方的同學相處、交朋友，讓他有種打開眼界的感覺。他特別喜歡在學校食堂用餐時，與來自各地的同學們談天說地。

由於台中一中在日本時代便是孕育台籍精英的學校，學生具有高度自主意識，例如，朝會時只要校長或日籍老師講一句侮辱台灣人的話，全體師生就會群起抗議。這種不懼權勢，而且帶著民族自主精神的校風，深深影響了他。同時，他大量閱讀大學雜誌等批判性強的書刊，又透過美國新聞處的新聞資料，了解國外講求人權理念、自由價值的政治思想。逐漸形塑他身為台灣人的自我認知，對民主自由的嚮往，開始深深根植在他的心中。

學生時期的李應元，就是急公好義、熱血心腸的「雞婆性格」，時常喜歡插手管一些事不關己的閒事。曾經有位同學不慎觸犯校規，而將被學校退學，李應元聽聞之後，主動出面和訓導主任溝通、說明，希望能給這個同學改過的機會。他竟然主動提出願分擔記過兩次，來換取同學不被退學。這件事，家人直到收取學校通知時才知道，對此也無可奈何。

就是這樣的「雞婆」性格與自我期許，當年考大學時，他本來想念政治或法律等科系。但是在那個言論不自由的時代，搞政治運動的人往往不是流亡就是坐牢，家裡堅決反對他插手管政治，希望他選擇科系以容易找到工作為前提，父親更希望他能念師大，公費就讀又可以分發教書。李應元雖然心有不甘，但也知道儘快就業才可幫家裡減輕經濟壓力，只好選擇理組就讀。

第一次大學聯考時，他漫不經心的準備考試，結果考取了台北工專，但他認為他應該可以考上前幾志願，於是決定次年投入重考，果然考取了台大醫學院公共衛生學系。對於這個結果他非常開心，因為公共衛生介於醫學與法學之間，符合他喜歡從事管理行政，服務眾人的志趣。

金門服兵役，與士兵一起操勞

一九七一年，李應元考上了第一屆招生的台大醫學院公共衛生學系。這個系是由國內醫界、公衛界重量級教授所組成，當時台灣極為需要相關人才，在菁英教授群精心培育下，學生日後在各領域皆有傑出表現。

念台大時，擔任「台大新聞」的記者，視野漸開。研究所時期，正值台灣大學生參與社會運動的風氣興起，除了參加「百萬小時奉獻社會」活動，到蘭嶼醫療服務隊，後來又參加陳拱北教授的全國巡迴「防癌宣傳服務隊」。

李應元談人生觀

我的人生觀是每一個人的生命都很重要，每一行每一業生命都有價值。五隻手指都不一樣長，要欣賞自己。每個人都有他值得存在於地球的價值。一個人也許今天課業方面不甚理想，但可能他在人際交往上非常成功，也許他很會辦活動，或者他很會交朋友。只要是一條生命，就有他存在的價值，因此我用真誠去欣賞每一個生命。所以我做社會運動、政治工作時，與各行各業接觸都感覺很快樂。我和每個人握手、交往，都是以真誠的心去欣賞每個人。

（摘錄自：李應元，《人生的驚嘆號》）

百萬小時奉獻社會

一九七一年中華民國退出聯合國，引起台灣內部的憂患意識，學生以保釣運動為名，開始組織社團，發起學生運動。國民黨政府擔心學生愛國運動一旦失控，後果堪憂。於是透過救國團系統介入並接手各類社會服務團體，把學生運動由愛國保釣轉向關心社會議題。

一九七三年台大學生代聯會發起以服務農村、漁村、山地部落等的「百萬小時奉獻運動」，希望學生主動進行社會關懷。假設每一位台大學生每週貢獻兩小時，則全台大學生一年就可提供百萬小時給社會。在社會渲染下，一九七五年起許多大專院校也紛起效尤地成立各種服務隊，包括：農服、漁服、山服、國中激勵營、育幼、殘障權益等。台灣的大學生經過此波「返鄉服務」的薰陶下，重新體認台灣社會現實，也增強本土意識與權利意識。這些大學生們漸漸發現他們不只做社會服務，也要做社會的改革者。

八〇年代台灣出現的「自力救濟運動」，其中不少便是由大學生所主導，例如婦女運動（一九八二年）、鹿港反杜邦行動（一九八五年）、學生選舉運動（一九八六年）、救援雛妓運動（一九八六年）等。這些社會運動也促成解嚴（一九八七年），讓台灣走向真正的民主國家。

李應元（第二排右二）就讀台中一台與同班同學合影。（高中好友／提供）

李應元（第二排右二）就讀台中一中高一時候的模樣，第二排最左邊是科技趨勢評論者吳金榮。（孫樸圓 · 攝影／提供）

李應元中學時期照片。（黃月桂／提供）

1978年左右，李應元（右一）在金門服兵役。（孫樸圓／提供）

學時代的李應元（第二排右三戴墨鏡）和他的高中時代好友們到東勢山裏露營。（高中好友／提供）

大學畢業後，李應元考上台大公共衛生研究所，但他選擇先去當兵。當時他抽到人人畏懼的「金馬獎」——到金門服兵役。對於愛好接受挑戰的他，能到最前線去服役，他感到莫名興奮。他服役時當上了代理中尉醫療排排長。一般而言，身為軍官的他，並不需要與士兵一起操勞，但他卻自願與大家扛石頭、挖坑道、修壕溝。這些事，對於農家出身的他，絲毫不以為苦。

當兵時，國內發生「中壢事件」。一九七七年許信良脫黨競選桃園縣長，由於當時國民黨買票作票風氣猖獗，類似案件時有耳聞。投票日當天有投票站監選主任被指控舞弊作票（有民眾稱目擊監選主任以拇指沾印泥將投給許信良的票押成廢票），引爆群眾聚集抗議選舉作票，軍警以催淚彈驅趕，最終釀成火燒中壢分局等激烈衝突。許信良最後以二十三萬多票贏過歐憲瑜十四萬多票，高票當選桃園縣長。隔天，國內的媒體都對中壢事件輕描淡寫帶過，好像沒發生過。

事件當時，李應元正在金門服役，但他從當地報章媒體所見，與後來對事件真相的了解，全然不同。

他後來回憶：「這個事件讓我徹底從過去國民黨的黨國宣傳中猛然驚醒。」

因《台灣時報》的採訪工作，結識黨外人士

服完兵役後，他回台大讀研究所。正好《台灣時報》要找一個具有醫療專業背景的記者，讓他偶然地接觸到記者這份工作。《台灣時報》是當時「黨報」之外，立場較為客觀獨立的報紙。李應元雖然主跑醫藥路線，但因為他文筆好，報社有其他重要大事也都派他去採訪。當中，他發覺有許多事與學校所傳授、媒體所報導的事實不符。這樣的矛盾，讓他對許多從小相信、想當然爾事件的是非對錯起了疑心，開始仔細地觀察探索這個社會，仔細解析問題源頭。

一九七八年，他曾經採訪全國黨外聯合助選團活動。他回憶說：

「一開始我被交付採訪黨外助選團，必須經常到助選團的辦公室打轉。在那裡，我認識了施明德、林義雄、張俊宏、黃信介等人；尤其，看到有許多的大學生與研究生前來義務幫忙，對我造成震撼與感動。在那個戒嚴的時代，一個學生願意做這種可能失去自由、前途，甚至名聲的事，是需要極大勇氣的。」

李應元說：「那時候我只是個小記者，認識他們後，經過深入的了解，完全能夠認同他們的選擇，也明白社會公理正義之所在。」

該年年底發生「中（台）美斷交」事件，美國副國務卿克里斯多福（Warren Christopher）率代表團搭乘專機抵松山機場，就斷交後台美關係進行談判。大批愛國青年聚集向美方表達抗議，表達對政府的支持。李應元也躬逢其盛，到記者會現場進行採訪。

隔年發生的「美麗島事件」，對他更是一大震撼。他每天關注著相關事件的後續發展，也直接促使他日後投身反對運動。

「美麗島事件」後，國內的言論自由更加受到限制，幸好此時李應元已到美國留學，沒有即時壓力，加上在海外，視野更加廣闊。其他旅居海外者亦然，因此大部分批評政府的言論，都在海外發行；許多在國內遭通緝的社會運動者，也在海外結合從事出版雜誌等事業，批評社會、挑戰威權。李應元便在這樣的時空背景下，逐步加入社會運動，並走入政治圈。

結識牽手，一生共苦同甘

在台大這段時間，李應元另一大收穫，就是認識了終身伴侶——黃月桂女士。

月桂姐是台中人，兩人同年出生，同時考入台大醫學院公共衛生學系。因學號相近，因此實驗課或做分組報告時，兩人常常被分在一起，後來還一起參加醫療服務隊。直到大四，兩人一直是醫學院內人人稱羨的班對。後續又一同到哈佛大學的公共衛生學院深造；由於當時的李應元熱衷於政治運動，太太也一度也被列入黑名單無法回國。（註：黃月桂女士曾任職醫院及國內外大學教授，目前擔任弘光科技大學校長。本書均以「月桂姐」稱呼。）

李應元在第一本自傳《人生的驚嘆號》中回憶道：

「在國外的那段日子，我忙著學業與運動，四處奔走，月桂則把家裡與小孩照顧好，當時只要有民主人士到美國，我就邀請到家裡聚聚，月桂經常聽著我們談運動、談理念，很清楚我的志業是什麼，對於我投入民主獨立運動，月桂除了堅持我必須把論文寫完以外，其他一直是默默支持。」

他坦言，在留學期間為了省生活費，自己的頭髮都是由太太打理，甚至到了擔任駐美副代表與行政院秘書長時期，李應元仍是讓妻子為他理髮，「每天忙完，理髮店大概都已打烊，月桂又看不慣我的頭髮太長，於是就會拿起剪刀幫我修剪一番」，顯見兩人感情多深厚。

月桂姐曾開玩笑地說：

「我讀書比他好、考試也比他好，連打球都打贏他。而他只有一樣——口才比我好，要做什麼事，他都能說出一番大道理。我講不過他。反正他也不是小孩子了，就由他去吧。」

當李應元全台逃亡、被捕坐牢時，儘管月桂姐擔心丈夫的安危，但對外卻一點也未顯露沮喪、憂慮、軟弱，反而相當自在堅強。

「當我躲避國民黨追拿時，月桂在美國接受專訪，強調自己很好，反而要我不要擔心。」

「應元這樣做是經過長期的考慮，我相當支持他堅持返鄉的心願。我們是能夠彼此相信，可以獨當一面的人，因此沒有所謂拋下，或要求相互廝守這方面的問題。」聽到太太這麼說，自然也讓李應元放心不少。

回顧與太太經歷的這些歲月，李應元說：

「我的妻子黃月桂雖然鍾情於教職，不喜歡走到政治舞台上，但是十多年來，她都是我最穩定的支持力量。」

或許也是這股力量，扶持著他在政壇上發光發熱，勇敢對抗國民黨威權、信仰民主自由。

李應元與月桂姐大學時期。（黃月桂／提供）

兩人在台北公證結婚留影。（黃月桂／提供）

兩人一起赴美留學。（黃月桂／提供）

第二章

投入海外台獨運動

剛到美國時，美麗島大審甫結束。他形容自己是「帶著疑惑與謹慎的心情到美國留學」。當時海外民主化運動非常澎湃，海外學生圈也受到鼓舞起來，左派、右派、統派、獨派各路人馬匯集，對台灣前途經常有很激烈的討論，他也花了許多時間去了解、研究。

赴美留學，加入台獨聯盟

一九八〇年，李應元念完台大公衛研究所後夢想赴美求學，他與月桂姐都申請到哈佛公共衛生學院，並參加教育部公費留學考試，月桂姐考醫療管理組，李應元考社會醫學組，結果只有她考上，於是一份公費兩個人一起用。他到哈佛大學後七個月才拿到研究助學金。拿到碩士後考量到經濟問題，他選擇到學費較便宜的北卡羅來納大學念健康經濟博士學位（當時申請的哈佛博士班也獲錄取）。也得到一筆豐厚的獎學金，讓他更無後顧之憂地參與於海外留學生的反對運動行列。

來到北卡，正式踏上黑名單的不歸路。

那時一般留學生的生活很單純，除了念書打工之外，有閒就聚在一起打球運動，有錢就買舊車到處旅遊。留學生圈的生活看似平靜，但卻暗潮洶湧。特別是「中壢事件」後幾年，國內接連發生美麗島事件、林家血案與陳文成事件，每一個事件都對留學圈帶來很大的衝擊，校園內因對政局的看法不同，已經有分裂的跡象。國內政治肅殺氛圍，也延燒到海外。這些留學生雖然人在自由的美國，國民黨黨國體制的陰影也揮之不去——每次辦演講或聚會活動時，就會有國民黨培養的職業學生，隨時向台灣打小報告。

當年也在北卡州大留學，曾擔任台灣人公共事務會（FAPA）總會長及陳文成基金會理事長的高龍榮博士回憶起：我們在北卡常遭國民黨黨工的威脅和恐嚇，他們比較客氣的方式是透過不同的管道嚇止留學生參與政治活動，如寫信叫指導教授勸導學生不要參與政治活動，否則會停發獎學金。對留學生恐嚇方式最惡質的是打小報告給國民黨在海外的情治單位。可笑的是有些校園間諜可能為了交差而亂打小報告，連一歲的小孩也被列入黑名單。一旦被當局被列入黑名單；台灣籍的不准回台灣（回台加簽被取消），外國籍的不准去台灣。很多人因此連在父母過世時都無法返台奔喪，或者返台後遭國民黨政權判刑（葉島蕾）或情治單位謀殺（陳文成）。

葉島蕾事件

一九八〇年九月的「葉島蕾事件」就是一個例子。

輔大社會系畢業的葉島蕾一九七四年赴美留學。年方二十九歲的她，在留學期間，基於鼓勵與幫助留學生，和校內台灣同鄉會的同學捐款成立「互助教育基金會」，提供獎學金以嘉惠台灣的莘莘學子。

當她在美學業有成，打算回台參選立法委員，投入社會服務時，突然被警備總部以匪諜嫌疑逮捕，儘管證據牽強也不充分，但還是以叛亂罪名起訴她，並被處有期徒刑十四年確定。後來，被送入綠島的「勞教所」服刑七年之後出獄。

當時海外雖有發起聲援，但對中國國民黨並沒有造成壓力。

創辦《台灣學生》，名列黑名單

一九八三年一月李應元在北卡大學結識郭倍宏，不久後也開始和台獨聯盟的洪哲勝、林哲台等人接觸，而於同年三月成為秘密盟員。四月起與郭倍宏等奔走哥倫布斯、辛辛那堤的台灣學生會，也跟休士頓的郭正光等人結識，他們駕車四處奔波，找尋志同道合的台灣學生，並出版《台灣學生》刊物，串聯留美台灣學生，探討台灣政治社會議題。

一九八三年許多海外的留學生聚集辛辛那堤，召開「台灣學生社」籌備會，決定發行一份月刊《台灣學生》（Taiwanese Collegian），利用雜誌串聯各校台灣學生。兩天集會中，對於是否要設立雜誌發行人，負責對外募款與接洽事宜，大家傷透腦筋。因為募款與聯絡的方便，這個發行人必須以真實姓名公開對外。李應元雖是剛加入不久的生力軍，但因為過去他當過記者的經歷，以及他開會條理分明、處事有條不紊，得到大家的肯定、信任與支持。很快地，他被大家推舉為發行人。他感到非常意外也很高興，他說：

「既然大家選我，我就擔起來，代價是名列黑名單，從此回不了家鄉。」

於是，在全美各地同鄉會的支持下，《台灣學生》正式發行，由郭倍宏擔任地下社長，李應元出任第一任公開姓名的發行人，同時親自為《台灣學生》撰寫發刊詞。

辦報每個月必須募集到一千五百美元

林文義（知名作家）

林文義先生在記述郭倍宏先生的傳記中，也談到這段留學生辦報的歷史。他說：

在許信良將《美麗島周報》改為《台灣民報》乃至於停刊之後，就僅剩《台灣公論報》及《台灣學生》，在北美台灣人社區間發行，比起國民黨挾其龐大財力支援的大小華文報紙，是那樣的薄弱、無力，卻又顯示出毫不妥協的抗爭性格，好像菅芒不懼貧乏的多礫土地。

他們分別向關心台灣的同鄉募款，每周不斷的定期出刊、幹部每周開會、切實的檢討、辯證，包括張信堂、李應元、葉宏岳等人，都是這份發行於全美的學生刊物的主幹。他們每個月必須募集到美金一千五百元，才能維持《台灣學生》的固定發行，十分的辛苦、吃力。

（資料來源：菅芒離土，郭倍宏傳奇，一九九一年九月）

郭倍宏（左二）與李應元（右一）兩人分別擔任《台灣學生》第一任社長及發行人。（黃月桂／提供）

台灣學生 1

TAIWANESE COLLEGIAN

本報每月發行一期　一九八三年十月發行　發行人：李應元

也談民主　方明

・發・刊・詞・

1983 年 10 月發行的《台灣學生》，李應元親自撰寫發刊詞。（翻拍／台灣學生）

高龍榮回憶李應元

當時擔任台灣學生社第一任社長的高龍榮博士回憶起與李應元相知的那段歲月：

李應元和他太太黃月桂在北卡大學（UNC, Chapel Hill）唸書，跟北卡州大的台灣學生比較沒有來往。我有時下班後會去李應元家討論台灣學生社社務，順便吃飯。我記得月桂又要唸書又要照顧小孩，煮的食物都簡單平淡，但不管怎樣應元都會說：「月桂，這個菜很好吃」。李應元有衝勁又很勇敢，印象深刻的是有一次他無所畏懼的自己一個人在北卡州大國民黨贊助的活動出口處分發反國民黨威權的《台灣學生》。

最難忘的是那年的感恩節，為了去其他學校和有共識的學生串聯。與李應元、郭倍宏、和他三家租了一輛旅行車，有些人必須擠坐在後行李廂，花了四天開了兩千多英里車前往肯塔基、俄亥俄、芝加哥、底特律等中西部的城市從事學生串聯工作。

帶尿布的學運領袖

為從事學生運動時，每週末他都會往外跑，編刊物、爭取留美學生參與聯盟。大家一起做，可說樂此不疲。但是夫人月桂姐對於他放著論文不寫，一股勁地就要去革命，相當有意見，因為他的論文資料已收集完整，只剩分析與結論便可畢業。兩人「為此差點離婚」，後來在月桂姐的堅持下，李應元終於下定決心完成論文，並取得博士學位。

在海外期間，他一雙兒子相繼出生。留學時代養小孩很辛苦，搞留學生反對運動邊帶孩子更辛苦。即使是學業、社運兩頭忙，李應元都一定堅持要親自幫他們換尿布、洗澡，所以許多人戲稱他是「帶尿布搞運動」。

早年投入民主運動，李應元多數的時間都是南北奔波，就連後來轉任公職，也是忙到三更半夜才下班，常常在老婆和兩個兒子都早已入睡時才拖著疲憊身子回到家；隔天一早醒來妻子兒子已各自外出上班、上學了，他笑說自己明明和兒子同住一個屋簷下，要見面卻時常比登天還難。

曾被兒子抱怨是不及格的父親

李應元還記得，有一年的父親節他一如往常忙碌，回到家時已是隔天凌晨，當他輕聲悄悄地想換上拖鞋入內休息時，忽然發現拖鞋上放有一張卡片，他一眼就瞄到卡片上寫著「父親節快樂」的字樣，頓時讓他眼眶泛紅，懊惱自己怎麼忙到把這麼重要的節日都給忘了，孩子連想跟他當面說父親節快樂的機會都沒有。兒子還在卡片上寫著：

「爸爸您做運動一百分，但是當父親不及格，如果補考再不通過，就要被罷免戶長的資格。」

讓他深刻感受到兒子雖然抱怨他工作過於忙碌，但也欣慰兒子用這麼可愛的方式央求他給予補償。

或許是沒機會可以碰面，「拖鞋」成了李應元和兒子間的溝通橋梁。兩個當時還在念小學的兒子常三不五時會在他的拖鞋裡留下字條，關心他不要太累要多休息，也許是習慣了，李應元笑說那陣子他每次穿拖鞋時，都會先檢查看看裡面有沒有兒子留給他的「神秘小禮物」。

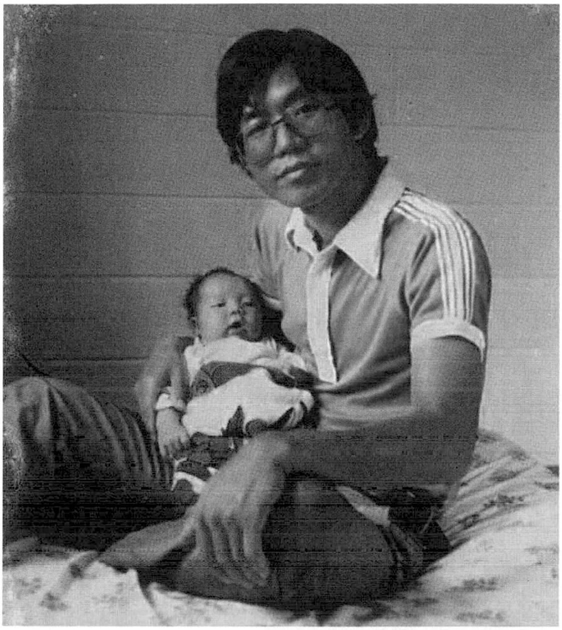

李應元與大兒子合影。（黃月桂／提供）

躲過軍警窺伺，李應元全家才得於聖誕節之前，短暫相聚。（黃月桂／提供）

李應元談兩個兒子

我的兩個兒子身體健康，德智體群發展不錯，不僅懂音樂，體魄比我強，自制能力也比我好，看到眼前這兩位帥氣的大男孩，成就感油然而生。

這兩個男孩子可是我和月桂一路呵護長大的。孩子還小時，除了換尿布和餵食，比較特殊的是幫孩子洗澡。小孩子一般不喜歡洗澡，首先要先說服小孩覺得洗澡很有趣、很安全，隨著他的長大再慢慢教他怎麼洗腳、洗身體、洗臉，最後洗頭。還要注意他洗頭時會不會嗆到水，觀察一陣子，確定他可以很安全的自己洗了才放手，剛開始還是會擔心他們在浴室出意外，萬一溺水是一輩子的遺憾，常在他們洗完之後才放下心。防止小孩子發生意外的警覺性是父母的本能，必須隨時注意和預防。記得有次半夜餵奶，小孩太活潑，結果翻倒在地板上，還好沒燙傷，簡直嚇壞我了。

但兩個兒子生下來就不一樣。我常想造物者實在奇妙，兩個孩子兩個樣。老大不容易入睡，常哄一個小時還不睡，後來發現開車出去繞一圈，五分鐘他就睡著了，所以每天我會固定把他放在嬰兒座椅裡出去繞繞，他入睡我們才能開始讀書寫論文。幸好老大睡覺時幾乎一動都不動，一覺到天明；老二小時候手腳一定要摸到我或月桂的身體，一個晚上可以從東翻到西，再從西翻到東。

老大很有個性，他這輩子第一句讓我記得的話是「Daddy, you hurt my heart!」，那時我給他們洗澡，浴室外有放小孩衣服的矮衣櫥，他那時才兩歲大，堅持要自己拿衣服穿，我不讓他拿，他就說這句話，嚇了我一跳。這麼小的孩子已經這麼厲害，說出「你傷了我的心」，我覺得生命真的很不得了！

老二個性和我一樣倔強，台語說「頭頂兩個旋，惡到沒人問」，給外國褓母帶，他可以一直哭到膽汁吐出來。沒辦法，我們只好自己帶，兩人上課時要利用下課十分鐘時間交接小孩，這樣的留學生活很有成就感，我現在的好脾氣應該是被他磨出來的。

我有時會可惜沒有生女兒，是一點點的缺憾，兩個兒子很可愛，還在念小學時，有次我開玩笑說：「你們其中有一人是女生該多好」，他們就真的故意去穿裙子娛樂老爸，真是可愛的寶貝。

（摘錄自：李應元，《人生的驚嘆號》）

第三章

淬煉心智，投入運動

留學這段時間，李應元對甘地、馬丁路德．金恩等民權運動逐漸有深入了解，從捷克作家哈維爾的天鵝絨革命更體會到台灣要走非暴力抗爭之路，用智慧突顯當政者的不義，削弱其統治的正當性。後來他突破黑名單禁令返台，並刻意在台灣走透透躲藏，用的就是非暴力抗爭的主張。

非暴力抗爭，爭取人民認同

李應元回憶說，每當面對大型群眾運動時，心中就會出現金恩博士站在華府林肯紀念堂的階梯上，發表《我有一個夢》的演講畫面。這場數十萬人聚集的演說紀錄片，他看了數十次以上，一次又一次的觀賞，一次又一次的心靈震撼，金恩博士所堅持的非暴力主張，以及透過演說產生激盪人心的作用，成為他的最佳典範。日後推動群眾運動，他都是以這場前進華府的遊行為藍本。

後來李應元加入台灣獨立建國聯盟，這是一個在美國洛杉磯合法登記的台灣人社團組織，其綱領中也公開聲明，願竭盡所能使用和平手段達成台灣獨立建國目標。而其成員近八、九成都擁有碩博士以上的學位，是傳播理念、非暴力組織團體。一九八九年五月美國台獨聯盟改選，李應元接下美國本部副主席，並與主席郭倍宏兩人開著車跑遍全美同鄉會，到處宣揚本身的政治理念。後來他還接下台獨聯盟總部副主席職位，成為獨盟最年輕的副主席。明知會有風險，但他仍選擇公開自己獨盟副主席的身份，他曾說：

「台獨聯盟要像波蘭團結工聯或南非民族議會（South African Native National Congress）一樣，爭取人民的認同，而不是乞求執政者的承認。」

李應元夢想著一個民主與自由的台灣，一個不受打壓，任何人都可以自由演說、自由返鄉的夢。為了這個夢，他願意冒著生命危險返台，忍受著長期間與妻兒分別的痛苦、孤獨。

啊！黑名單

後來他突破黑名單返國，便是採用非暴力抗爭的策略。他說：

「非暴力之於我是賴於智慧與心智的淬煉，手段上看起來很積極、激烈，但對人卻是無害的。這就像我突破黑名單返國，事實上並沒有影響到任何人，過程中更避免對人造成傷害，即使是跟蹤我的情治單位人員，我也要求隨行的朋友自制。這就像美國黑人民權運動，不論是爭取入學、爭取搭公車、進入白人餐館，過程中沒有激烈暴力相向的動作，只要突破界限，就是一大成功。」（資料來源：《人生的驚嘆號》，跨洋激盪的民主運動，pp.67-68。）

「這種非暴力的態度不只是在運動中實踐，即使民進黨執政，我的態度依舊，我深信非暴力抗爭不是懦弱者的行為，真正的懦弱者才會因為恐懼，而亂用暴力。」（資料來源：《人生的驚嘆號》，跨洋激盪的民主運動，pp.67-68。）

一九八六年在他擔任《台灣學生》發行人半年後，他申請護照加簽被拒，他知道自己已被列為黑名單，無法返台。他的夫人——月桂姐僅僅是在同鄉會朋友聚會中幫忙包餃子、煮飯等後勤角色，也遭受牽連，同被列為黑名單而無法返鄉。公費留學的她，

李應元與劉啟群醫師拜訪達賴喇嘛。（台灣路竹會／提供）

不但不能返台任職，還一度被要求賠償公費。

原本李應元一直隱身幕後，不願接受任何政治團體的正式職務，就是為了想之後與太太一起回台灣教書。由於他們夫妻所學的是健康經濟學與醫務管理學，在台灣是很新穎的熱門學科。台大醫學院早早就發給他們夫妻兩人聘書，希望返台後能夠前往台大醫學院任教並且參與規劃全民健保制度。

為了爭取返鄉權，他們兩夫妻展開長達三年多的馬拉松式的公文、書信、電話往返，甚至親赴北美事務協調會面談，即便他們持有台大聘書申請回台，依舊不獲許可，辦事處人員甚至懷疑台大聘書的真假。

以自己的方式回台灣

既然正路不通，李應元決定策劃以自己的方式回台灣。

他開始立下決心偷渡返國後，第一件事就是教小孩自己洗澡、穿衣服。他知道此後一定會有很長一段時間不能與家人相聚，月桂姐一個人要教書，又要帶孩子會太辛苦，為了減輕她的負擔，就提早訓練小孩的獨立生活起居能力。他一邊教小孩，一邊給孩子心理建設，讓孩子知道父親為了完成一件有意義的事，暫時無法與他們生活在一起。後來，李應元回憶這段歲月，都還是很懷念。因為這是他與孩子最親密的階段，也是他教育孩子學會自立的重要時刻。

他的決定當時已得到太太的理解和支持。當時黃昭堂主席很風趣的說：

「李應元長相很普通，一躲入人群就不會被指認出來，所以翻牆回台很安全，不會被抓到。」

月桂姐當然知道這是安慰她的話，當時黑名單人士闖關如果被抓到是要以刑法一〇〇條叛亂罪論處，她的內心雖然掙扎，雖然不捨，也覺得很危險，但面對荒謬的黑名單政策更加深惡痛絕，因此還是勇敢的支持先生的決定。

在刻意保持低調下，一年後，月桂姐先行取得簽證。此刻李應元決定啟動返台計劃：他刻意安排太太先回台灣開會，他帶著孩子出門說要去旅行，當時小兒子才四歲左右，他幫孩子買兩大袋換洗內衣褲，把小孩寄放在朋友家，然後隻身踏上危險的返鄉之旅。

什麼是「黑名單」？

俗稱的「黑名單」，全名叫做「中央政府遷台後對政治異議人士採取不予核發簽證或禁止入境措施的管制人員名單」。

促進轉型正義委員會在臉書上，談到這段歷史：

即由國家透過不同機關的協力，針對本國或外國人進行監控。不僅學成無法歸國，甚至親人逝世也無法返台奔喪；即使順利短暫入境，也會陷入情治單位的嚴密監控。

過去因為資料欠缺，多以當事人口述為研究基礎，近年來在促轉會推動政治檔案徵集下，國安局、外交部有新檔案出土，在當中我們看到政府拒絕本國人民返回本國的檔案文件，也就是俗稱的「黑名單」。

但黑名單從何而來？根據現有檔案，由駐外使館、國民黨海外黨部、留學生黨部、各地僑社與駐外情治人員共同協力合作收集資訊。

當被列為「黑名單」的人要回台灣時，首先經過駐外使館的收案，再由外交部、情治機關檢視「黑資料」，最後由國安局拍板定案，國境則由境管局、航警局把關。而在有條件准許入境的情況下，當事人仍會受到調查局、警總、警政署等單位監控。

（摘錄自：促轉會臉書）

促轉會臉書

第四章

偷渡回台，挑戰當局

雖然國民黨政府不讓他返國，但李應元不願屈服，反而以具體行動挑戰禁令。從一九九〇年七月闖關回台開始，他在全島趴趴走，直到隔年九月被捕。之後，在土城看守所被關押了九個月。

他回憶說，「躲藏原本就不是目的，海外獨立人士就是要透過一波波的坐牢，打破不合理的體制。因此坐牢對我不是問題，而是如何選擇一個適當的時機坐牢。」也只有這麼做，「才能撼動國民黨政權的基礎」。

諜對諜：全台「趴趴走」

一九九〇年七月，李應元在友人協助下偷渡回國。但他不甘於只是四處躲藏著，他要用自己的方式對抗，一種戲謔而不流血的抗爭。於是，他化名「阿火」，環島到處走，展開了長達十四個月與情治人員鬥智鬥勇的驚奇之旅。

海外內許多同志、好友，都是他最好的支持力量。有「政治犯的保護天使」之稱的林秋滿女士，帶著他到處去見一些黨外的政治人物。還有台語詩人陳明仁、曾任「寶島新聲電台」台長的張素華、民進黨黨工吳溪瀨，以及台南眼科醫師鄭勝輝等，還有許許多多的民間人士等，這些人不為名利、更不畏懼當局者的威逼脅迫，共同掩護李應元。

即便在情治人員嚴密監控下，李應元仍以各種喬裝面貌出現全國各地，時而在著名景點、地標前留影；時而前往拜訪許多黨外政治運動人士。他不但親赴鄭南榕靈前致意、現身黨外人士劉錦福的誓師群眾大會。就像他心目中的英雄人物——台灣民間故事「義賊廖添丁」一樣，來去無蹤。三不五時地在公眾地方露個臉，隨即又消聲匿跡，讓情治人員抓不著，臉上無光。

追緝獎金一千萬，還是遛轉十四個月

前行政院長、現為駐日大使謝長廷回憶起這一段相遇：「我當立法委員時，他冒著危險，衝破黑名單禁令從美國偷渡回到台灣，突然聯絡說要到立法院研究室找我，坦白說那時跟他不熟，也不知道他是否被監控，貿然見面，對雙方都有法律風險，不過他既然相信我，我也義不容辭答應，經過安排。他穿上我的綠色西裝，我穿著他的外套在立法院一起拍照，成功挑戰黑名單，振奮人心。」

他還曾戴著墨鏡，神色自若地在總統府廣場前拍照，當時有一隊憲兵荷槍經過。這張照片後來成為報紙新聞，讓當時的情治單位非常掛不住面子。這大大激怒了當時的行政院長郝柏村，下令軍警特務務必全力追緝李應元，還創下一千萬天價的懸賞獎金。

李應元說：「國民黨越想抓到我，動用的人力越多，對我的指控越強烈，我達到的抗爭效果越大。我沒有傷害任何人，但我的存在，我的遊走，就是凸顯執政者荒謬與不合理最犀利的武器。」

1990 年李應元衝破黑名單，到立法院找謝長廷立委合影。（謝長廷／提供）

李應元遛轉期間，刻意在總統府前相照。（黃月桂／提供）

應元自述「闖關」回憶

捷克總統哈維爾從事革命，四處躲逃時，隨身帶著一隻刮鬍刀；施明德貼身的包包裡隨時有換洗的衣褲，準備不時之需；我在「四處遊走」的時候，則是隨時帶著一枝牙刷與遮瑕膏，以便遮住臉上的痣等重要特徵。

假髮眼鏡變裝鬥智周旋十四個月

面對情治單位在台灣四處佈下天羅地網，用盡一切方法欲捉拿我到案，我只有與之鬥智，小心的躲開情治單位的陷阱，大膽的面對各種意外，才能與之周旋達十四個月之久，最後在準備現身，計畫入獄的鬆懈階段時，才被情治單位跟上。

在全台遊走期間，我有許多化名，用得最久的是「阿火」，當時陪同我的有台語詩人陳明仁，曾任TNT台長張素華與民進黨黨工吳溪瀨，同行的朋友不斷測試，如果有人喊「李應元」，我不能回頭，不能有任何反應，叫到「阿火」，才能回答。這是避免在群眾場合出現時，被情治單位出其不意的喊名字所預做的準備。

一位住在台南的眼科醫師鄭勝輝不時送我各式各樣的眼鏡，如果媒體上出現我在台灣各處留影的照片，這位醫師朋友就會透過管道，立即寄上一副新的不同樣式的眼鏡，所以我的眼鏡經常更換。還有朋友送我假髮，我共有三頂假髮替換，有一張舉起手臂顯示抗爭決心的照片，就是戴著假髮拍的。

經常遇到臨檢 隨時隨機應變

在路上開車時，隨時注意車旁的車輛更是基本的動作，朋友載著我時，三不五時就直闖紅燈，或是在綠燈時來個大轉彎。如果真有跟蹤的車輛，就會馬上現形，我們雖然擔心情治單位的跟監，但落單的情治人員也會怕我們，雙方常常處於這種恐怖平衡之中。

儘管在朋友的照顧下，一切行事都非常小心，但難免還是會碰到一些小意外，這就必須靠臨場反應處理。

有一回從屏東趕往高雄途中，正好碰到警察臨檢，當時不知是為何臨檢，只好大膽把車子往警察方向開，並在靠近時主動拉下車窗問警察發生什麼事，最後有驚無險的過關。

還有一次，在租來的公寓中，剛好碰到警察臨檢，雖然屋內有繩索可以從三樓跳下，但警察已到門口，時間上不允許我這麼做，只好從容的打開門接受臨檢。

警察剛進來時，口氣很不友善，不斷問東問西，質疑為何白天不去工作，躲在家裡做什麼，我拿出預先準備好的身分證，不斷安撫警察說：「免急啦，坐下喝杯茶再說，天底下沒有什麼大不了的事。」

當警察的情緒安撫好之後，我告訴員警自己是個作家，白天在家寫作，由於住處四周堆滿朋友送來的書，而且我的態度非常從容，警察也就不疑有他，收兵回府。警察走不到半小時，我馬上遷出這個地方，屋內的東西由朋友幫忙搬走。所謂狡免三窟，我同時安排在不同的地方居住。

巧遇同鄉林時機前輩

最驚險的一次是我到郊外一處喝茶的地方與友人聚會，到了半途，突然有人喊警察來了，我馬上跳過欄杆，往田裡跑，一邊跑，一邊把鞋子脫了，拉高褲管，看起來就是農夫的模樣，然後自在的走到大街上，打電話告知朋友自己一切平安，然後買了串香蕉，一邊拎著香蕉，一邊搭車回去。

在遊走的時候，許多年輕朋友希望與我見上一面，我多半都會接受。有一回幾個學運的年輕朋友們約我見面，彼此很愉快的交換想法與理念。到了半夜，這群小朋友才發現沒有想到如何安頓我，最後只好隨其中一個男孩回家。他是前國民黨監察委員林時機的兒子林郁容，第二天一大早我還與林時機共進早餐，以他兒子朋友的身分與他寒喧，日後這一段成為我與林時機之間的趣談。

甘地非暴力抗爭：以無罪心情坐牢，喚起民眾覺醒

經過一年多的躲藏，我計畫在九月八日，蔡同榮所辦的公民投票大遊行中現身，然後入獄。我在給弟弟宗明的信中表示：

「能為理想奮鬥及獻身，是人生的一大樂事，我將以甘地的心情在適當時機現身，以無罪的心情坐牢，喚起更多民眾覺醒。」

躲藏原本就不是目的，海外獨立人士就是要透過一波波的坐牢，打破不合理的體制。因此坐牢對我不是問題，而是如何選擇一個適當的時機坐牢。

從容被捕。（黃月桂／提供）

在連絡過程中，我計劃到謝長廷的第二大隊，正當朋友代為連絡行程時，我在御書園等待消息。或許是因為已經準備要現身了，所以精神上有些鬆懈，通常我不會在一個公開的場合待上一個小時，當時看書看過了頭，等到發現不對，旁邊已經坐滿了人，樓下也佈滿車輛。

隔壁桌的人走向我，問說：「你是李應元先生嗎？」身後有層層人牆圍著，我拿出證件客氣的回答後，他接著又指認我臉上的痣，此時我沒有再多說什麼，只講了一句「那就走吧」，還把隨身的口香糖拿出來請大家吃。

情治人員確定我的身分後，立刻拿掉我的眼鏡，抓住我的後褲袋，我告訴他們不要緊張，我不會為難他們，就這樣進了看守所。

在看守所中，一批一批的調查員進來盤問，大致上態度還好，只有一個人比較跩，比較大聲，還拿出三民主義來壓我，我則不斷訴說自己非暴力抗爭的想法。

到晚上肚子餓了，他們招待麵食，但只給我塑膠製軟軟的軟湯匙，大概是怕我拿筷子當凶器吧。

當我走出看守所，有媒體拍到，我輕鬆的向大家揮手，頗有從容就義的味道，畢竟這是我早已準備好的道路。

（摘錄自：李應元，《人生的驚嘆號》，人物，p.78-87）

冷靜而樂於付出信任的人物

林郁容（監察委員）

我大學畢業的第二年，受邀去美國參加獨盟在洛杉磯舉辦的國是會議活動，那是我生平第一次出國。

某個晚上與同鄉朋友聚會時，主人知道我畢業於台大醫學院，特地邀請李應元來參加，由於他是醫學院學長，又是雲林同鄉，大家一見如故，一起熱烈喝酒聊天，感覺他的思考與發言都非常有見地，喝了酒也不會過於激動。後來我才知道，原來他次日就搭機闖關返台，展開長期躲避追捕的旅程，面對未知的危險旅程，他竟然可以不露聲色，終夜保持冷靜自持，真是不簡單。

不久以後，我從美國回到台灣，一位朋友來電，說有位老朋友要見我。我到了重慶北路的KTV，發現是李應元在場與朋友唱歌喝酒。他全無掩護或陪同，整晚在那裏與陸續來到的十多位朋友暢談、喝酒，完全沒有通緝犯的神態。那時候他正遭到全台警察追捕，風聲很緊，在場的朋友也都無所禁忌，完全沒有任何安全的考量。事後想來，或許那時候應元學長已經做好被捕的心理準備。

當晚大家談話興致極高，我也沒有什麼顧慮，散會後大夥浩浩蕩蕩又前往張瑞欽在木柵的住處。一直聊到半夜，朋友才紛紛離去。當我要回家時，才發現李應元還在，他突然說，那我跟你走。當時他也沒搞清楚我住哪裡，就這樣跟著我回家，把他的安全交給一個第二次見面的人。

第二天他比我早起床看報紙，我爸爸（編按：林時機，時為國民黨籍立法委員）準備早餐，就邀請他一起進早餐。爸爸問這人是誰？我說他是我朋友，剛從美國拿到學位回國，準備在台灣找工作。家人都沒認出他是李應元，大家一起吃早餐聊天，聊得很愉快。

幾年後我才告訴父親，那個人是李應元。

冒險探視高齡父母、臨終大姐

當然，他最掛念的，還是自己的父母與家人。

李應元的父母親當時住在台北市北投石牌公園附近的公寓中。自從傳出李應元潛返回台之後，情治單位就在他家人屋外守株待兔，對他的家人嚴密監視。他的父母到公園運動散步時，便衣人員會亦步亦趨地跟蹤。家裡人上街購物時，也會有車輛跟監。

他的父親，當年已高齡八十歲，因中風、腦溢血而腦部嚴重受損，神智時而清醒時而失去自主能力。母親則是典型台灣農家婦女，純樸善良但識字不多，她看不懂電視媒體、報紙上所寫李應元涉及「台獨叛亂」等罪名。她總說：「水源仔（李應元的小名）從小就是讓父母最放心的孩子。」

明知道父母家中必然布滿情治人員眼線，但他還是忍不住偷偷前往，想趁隙探視年邁父母。但他只能遠遠看了一眼父親坐在公園裡的身影，隨即離開。這種有家歸不得，看到父親卻不能上前擁抱的辛酸，不是一般人所能體會想像的。

當他的大姐臨危病重住進仁愛醫院時，他明知情治人員就守在醫院等他，但是他還是想辦法進去病房探望大姐二分鐘，隨即迅速離開，差點被跟上。最後大姐不幸離世，他只能以這種方式見到最後一面，不免抱憾終生。

他的夫人月桂姐，一九九〇年八月二十六日到洛杉磯參加台灣建國委員會舉辦的「台灣政局討論會」，受到海內外台灣同鄉的關注。面對丈夫隨時可能被台灣當局逮捕的壓力，她絲毫未顯露出一點沮喪、憂慮與軟弱的神情，展現出讓人驚訝的堅強與自信。當有記者問到有什麼話想對李應元說，她回答：

「我只想讓應元知道，我和孩子在美國很好，不必為我們擔心、牽掛，儘管放心在台灣做想做的事，完成心願。」（資料來源：《民眾日報》，曾家倫，一九九〇年九月二十一日）

堅持非暴力抗爭，贏得勝利成果

在全台「遛轉」十四個月後，一九九一年九月情治單位終於逮捕到李應元，依意圖破壞國體、竊據國土、以非法方式變更國憲、顛覆政府等罪名入獄服刑，直到刑法一〇〇條叛亂罪修訂，才於隔年五月無罪獲釋。

整個過程中，李應元堅持以「非暴力理念」進行抗爭，即時面對逮捕他的情治人員，過程中沒有任何暴力相向的動作。他堅信，只要能闖進國門，就是一種勝利，在外界停留時間越久而不受到逮捕，勝利的果實就越豐碩。這種非暴力手段，沒有傷害任何人，卻得到遠比流血抗爭更強的回應與成果，所以在被通緝的期間，他心中很自在、沒有任何負擔，即便最後被抓進土城看守所，他心中始終充滿坦然與平靜。

比較遺憾的是，當初部份同志對運動策略的看法有些差異。李應元認為在各地「現身」，可不斷凸顯黑名單的荒謬，並累積運動能量。有的同志卻認為應直接就被補、衝撞體制，為此路線之爭而傷和氣，也是時代悲劇。

土城看守所：關得住形體，關不住心靈

進入土城看守所，李應元被關進看管重刑犯的明舍三十七號房，連同衛浴設備只有一坪大小的牢房，位置就在管理員室旁邊。不知情的人還以為他是特大尾的江洋大盜，才會被就近看管。管理員每半小時就來巡視一次，擔心他心情不穩，甚至發生不測的意外，事實證明，他安之若素，管理員的擔心一點都不必要。

月桂姐帶著孩子在堪薩斯州代表處前舉牌抗議。（黃月桂／提供）

圖為李應元被捕後，出庭應訊時的照片。他手持鄭南榕所發行《自由時代叢書》，上面寫著「爭取 100% 言論自由」。（邱萬興 · 攝影／提供）

經過流亡期間的洗潛與一個接著一個重大民主事件的洗禮，他早就做好入獄的心理準備，坐牢是民主運動的必要代價，就像鄭南榕生前所說：「執政者抓得到我的遺體，抓不到我的心靈。」同樣的，他也以實際行動告訴執政者：「你關得住我的形體，卻關不住我的心靈。」

應元的獄中小記

在看守所中，除了不自由之外，一切都好。

我每天依舊規律的生活：一早起來運動、打拳，做伏起挺身，直到身體發熱，便以氣功調整呼吸。一趟運動後，沖冷水澡時，全身直冒白煙。因為每天運動，在看守所期間，體能一直處於良好的狀態。

關心我的朋友不斷的送書進來，有宗教的書、有哲學的書、也有法政的書，各式各樣的書都有。在獄中有大量的時間可以閱讀，思考許多哲學上的問題，不斷在腦中相互辯證。很遺憾直到出獄，書都還沒讀完。

由於我的身分特殊，不但關在獨居房，連放風時，都是等到其他犯人放風結束，回到牢房後，才在管理員的監視下，我一個人有半小時的時間，到類似排球場大小的空地走走，這段時期沒有腳鐐手銬，算是相當輕鬆。

在排球場放風時，更可以感到世界的無窮寬廣。排球場上，有許多麻雀，這一些麻雀可能來自各方，甚至可能來自我的雲林老家，因此就在這短短半小時的放風時間，我經常與這些麻雀對話，那種感受，宛若「莊周夢蝶」，思想的無限與心靈的自由，是不可能受到塵世管束與限制的。

經過獄中思考的洗禮，有時間大量閱讀佛經與道家經典，對於佛家的慈悲寬恕與道家的超脫自在，在我心中產生極劇烈的共鳴，這也算是坐牢難得的收獲。

入獄一段時間後，遷入一般的牢舍，雖也是單人房，但可以收到一些紙條，緊接著獨盟的主席張燦鍙、王康陸與郭倍宏也一一入獄，彼此可以互通信息，當時外界就曾嘲諷土城關了四個博士，是全球學歷最高的監獄。

在獄中，像我這樣的叛亂犯是會帶給朋友一些麻煩的，但令人很感動的是，許多朋友不怕麻煩，不斷的前來探視我，如菊蘭姐，經常帶著自己炒的菜來探監。

他回憶起這段時光，他說：「人生真的際遇很奇妙，因為受到鄭南榕的感召，義無反顧的回台；現在卻受到鄭南榕妻子菊蘭姐的照顧，兩人相見時心情相當激動。」

其他如當時擔任立委後來當選總統的陳水扁，也曾帶著羅文嘉、馬永成來探望他。陳師孟、林山田等推動廢除刑法一〇〇條的學者，帶著李鎮源院士與廢除惡法的連署書來獄中探視。李鎮源院士是李應元在就讀台大醫學院時的院長，會面時，李應元還告訴李鎮源院士說，他還記得院長在開學第一天新生訓練時的談話，李院長聽了很感動，後來李院長同意擔任廢除刑法一〇〇條的總領隊。當時海內外也有各種的救援行動在進行，他的太太——月桂姐也曾出席美國國會的聽證會，講訴黑名單的不合理。

坐牢那段期間，月桂姐有空就來看望他，彼此都只能表現出很愉快的樣子，不要讓對方擔心，這是唯一能做的事情。後來月桂姐亦投入廢除刑法一〇〇條的社會運動，有一段時間每天與其他受難家屬一起在行政院前靜坐抗議。

廢除刑法一〇〇條運動

九〇年代初期，國民黨製造一次又一次的政治獄，除逮捕了台獨聯盟闖關回台的郭倍宏、李應元等人。十月中，國民黨也大肆逮捕台灣建國聯盟的幹部、台獨聯盟盟員，先後人在台灣的陳婉真、林永生、林雀薇、賴貫一、鄒武鑑、江蓋世、許龍俊，以及自海外返台的王康陸等人，以不同的名義逮捕、收押、禁見。十二月七日，台獨聯盟世界總本部主席張燦鍙自東京闖關搭機返台，也在桃園機場被捕。這些政治犯相繼以闖關返鄉挑戰威權者的勇敢舉動，也引發國內學界與輿論的關注與支持。

中研院院士李鎮源對於箝制自由及人權的惡法深惡痛絕。在郭倍宏與李應元被捕後，李鎮源院士親自前往土城看守所探視他以前的台大學生李應元。隨後，李鎮源即與台大教授林山田、陳師孟成立「一〇〇行動聯盟運動」，在一九九一年十月十日發起「反閱兵、廢惡法」行動，挑戰保守勢力，與行政院長郝柏村正面對決，要求廢除刑法一〇〇條，釋放所有政治犯。李鎮源並以高齡之身，四處陪著受難家屬請願抗爭。

一九九二年五月十六日，終於促成了刑法第一〇〇條條文的修正公布，終結「言論叛亂罪」的法源。過去被以此法法辦的思想犯與黑名單人士，如黃華、郭倍宏、李應元、陳婉真、林永生、鄒武鑑、江蓋世、許龍俊等人都被釋放，台灣人民不再因主張台灣獨立以叛亂罪而被起訴。從此，台灣社會才真正擺脫「白色恐怖」的陰影。

一九九二年七月七日，政府正式取消海外黑名單返台禁令。黑名單解禁後，十一月初，離開台灣二十一年之久的前台大政治系主任彭明敏回國。十一月二十五日，離開台灣三十四年之久的台獨聯盟總本部副主席黃昭堂博士自日返台，「黑名單」禁令至此，終告落幕。

廢除刑法一〇〇條的重要推手

「廢除刑法一〇〇條」的重要推手，包含了當時台灣學界的巨擘林山田教授與李鎮源教授。

他們與來自學界、社運界的夥伴們，陳師孟教授、張忠棟教授、瞿海源教授、廖宜恩教授、陳永興醫師、楊啟壽牧師、作家鍾肇政、律師陳傳岳及已逝前立委蔡同榮等人，於一九九一年五月起開啟了一連串的和平靜坐抗議，包含了「五一五罷課」，來自全國各大學的學生罷課並於台北車站進行靜坐抗議活動、要求「廢除懲治叛亂條例、反對政治迫害」。

該行動的最高潮則是十月十日「反閱兵、廢惡法」行動，最終迫使當權者讓步，於一九九二年五月十六日，成功廢止刑法第一〇〇條條文二條一的叛亂罪。

民主化過程中，感謝多位無名英雄

也許您會問，李應元是怎麼翻牆回國？這過程當然是有許多人幫忙接應，但最直接的幫忙是Jeff，他也為此犧牲很大。當時他即將拿到博士學位，國內的大學也有意延攬他當教授，卻因為協助李應元回國，自己不能回台。等到他可以回國後，該教職已不等他。他目前任職於南部某大學。這個大時代有太多太多的無名英雄，受惠的廣大台灣人無法一一致謝，特此致意致敬。

1992年5月23日，刑法100條條文修正公布後，左起郭倍宏、林永生，李應元、鄒武鑑出獄，24日再度投入「廢國大、反獨裁」大遊行。（邱萬興・攝影／提供）

李應元闖關回台，雖成功入境卻遭通緝，月桂姐於半年後，攜幼子返台探望李應元。（黃月桂／提供）

黑牢身　建國志

台獨聯盟台灣本部有 21 位中央委員，11 位遭國民黨政治迫害。

1991 年 9 月台獨聯盟製作「黑牢身，建國志」的救援傳單。（邱萬興／美術設計）

出獄立即投入「一台一中行動聯盟」

一九九二年五月，刑法一〇〇條修正通過後，李應元與其他人獲無罪釋放。一出獄後，立即投入「一台一中行動聯盟」的工作。對於他的「過動」，月桂姐也感到有點受不了。他回憶起這段歲月說：

「出獄後，我沒有休息的馬上投入社會運動中，這時月桂有些受不了。她倒不是認為我做得不對，而是覺得，能不能停一下、喘口氣，那是一種情緒被長期壓抑的反彈。做為社會運動者的妻子，的確需要有加倍的包容心。」

在後來全國四天三夜的遊行串連過程中，他不斷提醒車上的指揮必須向一旁執勤的軍警致意，說一聲辛苦了，這就是出自對人的尊重。李應元說：「我們反對的是法律，是制度，不是人；對於法律或制度或許有不同的意見，但對人卻必須尊重，我們必須打從心底體諒每一個人。」在遊行抗爭運動中，主動向警察問好，說一聲辛苦了，他大概是第一人。

Part 2

返台後的政治參與

主要執筆者：陳鴻遠

第一章

板塊是怎麼移動的

大家都說二二八牽手護台灣，扭轉二〇〇四年總統大選選情，這話怎麼說？二〇〇〇年總統大選，在政治版圖上，基本盤還是藍遠大於綠，當時連戰與宋楚瑜各不相讓，造成藍營分裂，讓團結的綠營取得優勢，充滿鬥志的阿扁贏得大選，也帶來台灣首次政黨輪替。

二二八牽手護台灣

然而，即使綠營贏得總統大位，當時的地方政府和立法院仍然是藍大於綠，許多施政經常被掣肘抵制，徒呼奈何！因此，當國民黨在二〇〇三年四月正式推出「連宋配」，昔日鷸蚌相爭的連宋兩人竟然整合成功後，憂心團結的藍營回歸優勢基本盤，綠營士氣始終陷於低迷的困境中。如何延續本土政權的執政？只有擴大本土意識群眾，讓政治版圖移動，阿扁才有連任的機會。

二〇〇三年底選情緊繃之際，李應元與好友黃文局等人聚在一起討論時局。他們從「波羅的海之路」（英語：Baltic Way又稱自由之鏈或波羅的海之鏈）的故事得到啟示。原來一九八九年八月二十三日當天，波羅的海三國（立陶宛、愛沙尼亞、拉脫維亞）面對著強敵（蘇聯）欺壓時，靠著二百萬人民的團結站出來，以手牽手方式完成連結超過六百七十五公里的人鏈，以和平示威行動，表達捍衛國家、追求民主獨立的決心。此一創舉，不僅引起舉世震撼，也讓波羅的海三國相繼脫離蘇聯成為獨立國家。台灣也應該來仿效此一創舉，設法號召百萬人站出來牽手護台灣。

李應元馬上去見獨盟主席黃昭堂，他立即雀躍志願當總幹事，並去找李登輝前總統，他也毫不遲疑願當總召。

當時協助李應元籌畫與執行的謝欣霓回憶說，這項任務十分艱鉅，而且時間非常急迫。時任黨副秘書長的李應元在民進黨中央黨部提到二二八手牽手這個構想，許多同志都抱著懷疑的態度：民調都拉不起來了，要怎麼手牽手？於是他帶著黨部的夥伴，到處宣揚這場活動的重要性。無論是面對媒體老闆、獨派志工團體，他都是一樣的熱情，用他獨有的浪漫與樂觀，闡述著整個計畫與理念。

當時郭國文是台南選務的重要幹部，成了企劃此案的一份子，也因此與李應元結下不解之緣。他回憶，籌備二月一日大預演的過程中，複雜程度及壓力，至今令人難忘，往往遭遇驚濤駭浪差點破局的幾次關鍵過程，李應元總是打電話來關心進度、了解問題並指導協助解決，在他開朗樂觀的態度鼓勵下，安然度過。

郭國文在其臉書有生動的描述，雖無法道盡全貌，但很有助於國人回味與了解大概輪廓。

回顧與應元兄在「二二八手護台灣」的緣分

郭國文（立法委員）

昨晚到現在，還是因為應元兄離去的消息，感到心痛不捨，相信許多朋友也是。

這兩天有人提到「二二八牽手護台灣」，這場活動正是讓我跟應元兄最熟悉的時候。

二〇〇四年由於內外交迫，讓阿扁總統連任的選情緊繃，當時應元兄呼應李登輝前總統所發起的「手護台灣大聯盟」，推動了不被大家看好全國性的牽手活動，希望能喚起人民團結翻轉選情。

由於史無前例困難重重，實在讓人擔憂無法成功。

於是蘇煥智縣長提出二月一號在阿扁總統的故鄉——台南縣先行預演，當時剛回到輔選團隊的我成了企劃此案的一份子，也因此與李應元結下不解之緣。

籌備二月一日大預演的過程中，複雜程度及壓力，至今令人難忘，驚濤駭浪差點破局的過程，應元兄總是打來電話關心進度了解問題，在他開朗樂觀的態度鼓勵下，安然度過。

記得在預演前夕，應元兄更號召各縣市重要的輔選幹部參與，以便理解線型群眾運動的操作模式，並觀摩牽手運動預演的實境！還記得牽手預演圓滿完成之際，您在電話中興奮的吶喊，兩人彼此道賀，並約定促成二二八牽手運動成功！

二二八牽手活動成功後，他總不吝向人肯定我的努力，也推薦我出國考察的機會，只是總是忙不完的工作，沒有一次能接受他的美意。

有人肯定他對台灣民主運動付出是民主的鬥士；有人形容他外交手腕靈活，是天生的外交官；稱讚他為人溫暖、爽朗、厚道、樂觀，這真的都是我認識的應元兄，唯獨他離世的消息，是這麼的不真實。那個總是笑口常開的應元兄，謝謝您，一路好走……

五百公里人龍、締造新台灣

雖然，台南縣的首場預演獲得成功，但要擴及全台灣，難度不止倍增，進行路線探勘回來的同仁報告，此計畫幾乎是不可能的任務，因為沿途有太多人煙稀少的路線，這些地方往往又是綠營的艱困地區。最後李應元要求工作同仁實際丈量各地細部面積，劃定路線、安排糾集對象後，將站在每一公尺土地上的人名全部造冊，以掌握實際進度與改善目標。人龍完成後，又請各地方另外發揮創意，配合當地特色景觀，設計定點活動。各地競選總部抱著「輸人不輸陣」的心情，紛紛展開動員。然而，到了活動前一天，團隊內部只敢審慎評估，如果能夠有五十萬人站出來，就算是成功了！

二月二十八日中午以後，全台灣各地開始陸續出現人潮，包括從來不曾參加政治活

「牽手護台灣」活動於二月二十八日下午舉行，指揮中心聚集的民眾，與全國連線螢幕上的陳水扁總統、前總統李登輝一起同步參加牽手活動，表現愛台灣的精神。（中央社／提供）

動的民眾，大家一個個呼朋引伴、扶老攜幼、帶上家裡寵物……，各自以輕鬆出遊方式走到預定的路線。到了下午二點二十八分，竟然超過兩百萬人站出來！北起基隆市和平島，南至屏東縣佳冬鄉昌隆村，不分藍綠、老少、男女，全部出動，以大家手牽手連結成長約五百公里的人鏈，場景極為壯觀。這是台灣有史以來最大規模的運動。當天除了五百公里的人龍外，各地的定點活動也是爭奇鬥艷，亮點無數。

已故的李登輝前總統並與時任總統陳水扁在苗栗主場會師，李前總統在壓軸演說也表示：「這是我有生以來最感動的時刻！」

這項面對中國威脅、人民展現保衛家園決心的手護台灣運動，不僅創造了奇蹟，也賦予二二八新的意涵。

板塊真的移動了！

挖掘引導向善的社會力

二二八牽手護台灣活動的成功，其實一點都不僥倖。從剛開始無人看好，到後來看到希望，一直到活動的順利圓滿。李應元始終抱持著正向與樂觀，不斷鼓舞著整個團隊一起前進。

這也正是他令人驚嘆與欽佩的特質，總是能挖掘出社會向善的力量。例如，九二一地震期間他就號召支持者帶著幾卡車的物資到災區救災。當時三重菜市場的攤商，有感於李應元在市場改建過程中的協助，因此響應他的號召，每天免費運送蔬果到災區的熱食供應站。美國的同鄉也展開募款活動，並透過李應元認養災區的國小重建工程。不管是三重菜販或美國同鄉的義舉，皆是出於他們己飢己溺的同胞愛，但李應元最擅長的就是開發這些向善的社會力，並引導到最需要的地方。

再如二〇一三年九月，中部一名企業主透過立委李應元捐贈一千套課桌椅給崙背豐榮國小等十六所偏鄉學校，這對都會地區資源較豐富的人很難想像。雲林縣還有大批老舊課桌椅，或是整張桌子搖搖欲墜，或是桌面滿是坑洞，學童上課書寫品質不佳。

當新桌椅送抵學校時，李應元與小朋友興奮地組裝這些課桌椅。組裝好了之後，同學都透出好滿足的笑容，「好棒！清新的木頭味，桌面光滑平整，不會搖搖晃晃」，開心地準備換上新桌椅。

一起打拚的好兄弟

一九九五年李應元首次在台北縣（現在的新北市）參選立法委員，當時全縣只有一個選區，五十個候選人競逐十七個席次。當時民進黨採開放競選，因此有十個黨籍候選人參選，最後只有盧修一、蘇貞昌、周伯倫與李應元當選。該次選舉李應元主要的票源來自本土的意識票，以及雲林同鄉。例如政治受難者協會劉金獅會長、蔡光武分別在三重與新莊坐鎮，再加上李應元在突破黑民單為民主的貢獻，掌握了民進黨的基本票源。在雲林同鄉方面，經營企業有成的曹來旺與鍾宏仁成為最得力助手，前者後來當選縣議員與立法委員，後者為現任新莊區的市議員。

一九九八年的立委選舉，台北縣分成三個選區，李應元原本打算在板橋區參選，三重區讓好友張禎祥（當時為三重選區的國大代表）參選。後因當時的黨內初選改採黨員投票方式，而李應元在該區沒什麼黨員，黨內初選無法過關，因此張禎祥等輔選幹部，勸李應元在三重區競選連任。之後順利連任，李應元也非常感念這些好兄弟的無私。

第一次在台北縣參選立委時，競選辦公室就是由李應元的童年鄰居張云提供，此外做木材生意的林萬居，機車工會的劉偉正等等的協助也非常大。在競選期間，文宣的印製往往十萬火急必須在假日中連夜趕工，紅藍彩印的陳昭雄總經理經常校長兼撞鐘，親自下去操作印刷機與運送文宣到競選總部。後來在競選台北市長時，同鄉謝金河首先表示支持，阿扁總統也安排黃維生等人協助。總之要感謝的人太多，掛一漏萬，在此致歉。

第二章

空前絕後具政務委員身分的勞委會主委

二〇〇五年一月謝長廷接任行政院院長，當時擔任民進黨副秘書長的李應元，因為協調能力強，善於溝通有耐性，也擔任過立委，與立委互動佳，熟悉立院黨團運作，再度出任行政院秘書長，以協助謝院長推動「台灣健康社區六星計畫」。為此，謝院長還特別讓他兼任政務委員，以充分發揮其協調部會、推動政務的功能。

機緣下擔任勞委會主委

同年八月，行政院勞動委員會（勞動部前身）陳菊主任委員請辭，阿扁總統指定李應元接棒。從黨內前輩陳菊手中接下照顧八百萬勞工的重任，李主委深感責任重大，還好之前已有豐富的立委及行政院秘書長經驗，對相關業務頗為熟悉。尤其，他很習慣性陽光的說：「因為我對勞工有種特別的情感，這項『非常任務』對我來說是快樂的承擔！」

為何會對勞工有特別的情感？

李應元表示，自己來自雲林鄉間，基層民眾都是互相熟悉的鄉親；加上從政後的工作性質，常常有機會與大量民眾見面、握手問候，長期接觸到各個階層的勞動工作者。

他常看到很多六十多歲的阿公、阿媽們為了討生活，挑著數十斤重的菜籃來往穿梭市場間，讓他對這些不辭辛勞的勞工們深刻印象，覺得政府應該可以再多提供些協助。

他更握過無數因為職災或意外而殘缺的手指、手掌，甚或是少了一隻手臂，而面帶羞赧微笑的民眾。「摸到這些勞動者殘缺的手時，心裡的那種震撼真是難以形容，就像用鐵鎚重擊胸口那樣難受。我常告訴自己，如果真有機會，希望可以為他們做些事。」

（出處：《現代保險月刊》，吳易書，二〇〇五年十二月一日）

照顧勞工是我最快樂的承擔

有趣的是，謝院長並未讓他辭去政務委員的職務，這使他成為了空前絕後唯一兼任政務委員的勞委會主委。他也充分利用這個角色與機會。在他卓越的協調下，更是史無前例地促成了「官學勞資的四方平台」；包含行政院勞委會（官）、勞動法學者（學）、各代表性的勞工團體（勞工代表）、七大工商產業團體（全國工業總會、全國商業總會、工商協進會、全國中小企業總會、工業協進會、工業區廠商聯合總會、電機電子工業同業公會等）。這個四方平台，對於他後來推動勞工相關政策，有著莫大的助益。

飯桌上的碗筷不能等不到主人

一九九五年李應元第一次在台北縣參選立法委員，就提出「勞動人性化」的主張。因此，就任勞委會主委時，他首先將降低職災列為重點工作。他認為，職業災害死亡的比率是衡量一個國家文明與進步最重要的指標，它的重要性絕不亞於經濟成長率。每位勞工朋友都是有血有肉的生命，不應該被「物化」為只是生產的機器或工具。更何況，機器壞了可以修理或翻新，但一個寶貴的生命消失後，對親友的痛，是用再多的金錢或物質是完全無法彌補的。

因為生命不可能重來，保障勞工在職場的安全，不但是維護勞工基本人權最起碼的工作，同時也是對人的價值與尊嚴，以及對生命的可貴的最崇高敬意。

他借鏡日本「全國勞工安全衛生週活動」，舉辦年度標語競賽活動，選定年度強化勞工安全衛生宣導主軸，培養並深耕勞工及全民對強化職場安全的意識。透過職場的體驗觀摩、高危險事業單位現場工安診斷及輔導，以及深入地方基層的勞工安全巡迴宣導活動，積極喚起全體國人同胞對職場安全的重視。

然而，為了消弭職災，保障員工的安全，勞動安全工作必須從企業董事長、總經理等高階主管帶頭重視。不論是各級政府首長、企業領導人、高階主管、工安幹部，以及全體的勞工朋友，都應懷抱著疼惜生命的心情來積極實踐。他於二〇〇六年二月提出「全國職場二二二減災方案」：要在兩年內，將因職業災害死亡、傷殘的比率都各減少二十%，讓每個勞工都能平安的回家吃飯。

李主委也把五月一日到七日，訂為我國第一屆「全國職場勞動安全週」，邀請阿扁總統來親自示範正確的工安操作。總統不僅是在講台上呼籲：「平安」就是「福」，唯有平安才可能幸福；還親自穿工作服示範如何綁安全扣等動作，希望雇主和勞工共創安全的工作環境。陳總統更把政策目標，改為「兩年內職災死亡率及殘廢率各下降

設工安大使，宣導職災救護觀念

二○○五年九月底，發生劉敬德與張天賜兩人鑿井土石崩塌災害，受困的二十六小時中，國人都密切關注救災的進展，殷切等待生命被救出來的那一刻。當纜繩吊起劉敬德時，全國兩千三百萬顆心也都跟著懸在半空中，共同驚呼、慶幸，那個當下，是台灣最美、最可貴的時刻。

事後，主委到醫院探視劉敬德與張天賜時，當面邀請兩位擔任工安大使，分享工作場所安全措施的重要性，以及如何憑藉著不放棄的意志力，堅持呼吸與保存體力，並要求自己不能輕易睡去，以免失溫，避免有些人遇到同樣事情，過於慌張而太早放棄。善用機會，讓當事者現身說法，確實有效提高宣導效益。

李主委邀請因鑿井災變獲救的劉敬德（右）、張天賜（左）擔任工安宣導大使。（中央社／提供）

三十％」的「全國職場二三三減災方案」。從二〇二二到二〇三三減災，不僅象徵把原本政策目標持續深化。更重要的，李主委為台灣所建構的職業安全體制，已是我們台灣人的公民意識，以及勞資政學的基本共識。

此外，李主委認為降低職災不完全是勞委會的事，因此，他透過部會協調，要求經濟部與交通部要督促旗下的台電、中油與台鐵等簽署「安全伙伴」合作計畫，共同合作提升工安管理水準，降低職災。以他身兼政務委員的影響力，這些部會確實也提高層級來重視工安問題。

打破基本工資凍漲

經濟成長果實要與勞工分享，這不僅是應元主委的信念，更是實現快樂勞動的原則。而其中，基本工資即是反應「經濟成長果實要與勞工分享」的最低指標。

然而當時面對中國的經濟磁吸，引致國內傳統產業，甚至是資訊通訊高科技產業也逐漸外移。台灣經濟成長呈現遲緩，帶動失業率上升，再加上全球性的經濟衰退，勞工的基本工資停在一九九七年的一萬五千八百四十元及時薪六十六元，一直到二〇〇七年四月底為止，將近十年沒有調整基本工資。雖然勞退新制要求雇主為員工提撥六％的勞退基金，在某種程度上也有加薪六％的效果，但李應元擔任主委後，他堅持要讓經濟發展成果的分配更加合理，也為了提高內需以帶動經濟成長動能，都必須調高基本工資。

當時，雖然有些經濟學家主張，調高基本工資會增加生產成本，同時抬高物價上漲與失業率升高的壓力。但李應元主委認為，台灣經濟成長遲緩的最主要原因是內需不足，只有提高勞工的可支配所得，才能有效增加內需，捲起經濟成長動能。因此極力爭取將基本工資調高到月薪一萬七千二百八十元（調增率九％）與時薪九十五元（調增率四十四％）。事實證明，以上調整並未如部分輿論或學者所預期造成失業率或物價上揚。

李主委以謙遜、熱情、公開透明的態度和方式，也展現政務官承擔政策的風骨，成為民進黨政府打破基本薪資凍漲魔咒的第一人。當禁忌打開後，基本工資的調整就逐年正常化了。爾今，二〇二二年元月起，基本工資已調為二萬五千兩百五十元；時薪每小時一百六十八元。

就業多媽媽，協助找回求職信心

如前所述，台灣當時正面臨產業轉型與產業外移關卡，那一波的景氣挑戰，固然帶來一部分快速而成功轉型產業的美好春天，但卻無情的造成許多傳統產業中高齡勞工長期失業的問題。為此，李主委利用就業安定基金，加強職業訓練，並使培訓的技能更符合產業轉型後的需求，與符合內需倍增後的社會需求。

此外，為了進一步找出退縮在社會的各角落暗處、多次謀職不順者，給予特別協助，包括取得就業資訊，以關心與鼓勵協助建立重返職場的信心。他善用各項輔選時全國走透透的組織作業經驗，轉化為培訓熟悉各社區、有職場經驗的中年婦女，成立「就業多媽媽」隊伍。讓這支溫暖的在地隊伍走進社區，面對面跟離職場已經有一段時間的鄉親，提供就業資訊，解答疑難，鼓勵再投入職場的信心。

這些就業多媽媽，就像過去幫許多家庭送養樂多的嬤嬤，服務到家。每天的工作，就是深入社區，主動發掘周遭社區長期失業者，幫失業者找工作，她們穿制服，手拿政府提供的ＰＤＡ，連手上的包包，都是勞委會的自創品牌。親切的服務，讓長期失業者也能感到溫緩，打破心防，不再自我封閉。

「就業多媽媽」是中高齡、特殊境遇失業者及二次就業者所組成，本身就是較為弱勢的勞動者。但是，她（他）們卻挺身穿梭在鄰里基層，為在角落不起眼、不被注意的更弱勢者服務，李主委當時曾說：「這就是善的循環。」令人慶喜的是，「就業多媽媽」這份「善的循環」，至今仍然繼續進行中。

二〇〇七年五月一日，李主委為調漲基本工資而辭職後，雖然只是短短一年九個月勞委會主委的任期，在「勞工是台灣的寶貝」的信念下，李主委所擘畫「職業安全、基本工資、就業服務及技職教育與職業訓練整合訓用體制」等制度，直到現在仍然繼續庇護著數以千萬的台灣勞動者。

「就業多媽媽」深入社區，主動出擊協助發掘關懷失業者。（中央社／提供）

李應元是不爭但快樂的典範

陳財能（李應元辦公室特別助理、中興大學國際政治研究所博士候選人）

李應元博士人生中的勞委會事功，自然顯現他「不爭但快樂的性格」。雖然只是短短一年九個月，但是，他所提出的主要政策都跨越了二次政黨輪替，十五年來，不但利益眾生，更是為台灣奠定勞動安全和尊嚴的善因良制。

當然，李應元博士「不爭但快樂的性格」，也實踐在他的政治生涯上。只要能稍稍理解民進黨政治實況的人們，都一致認同李應元是一個勇於任事、擅於協調及沒有負面評價的政治家。現實另一面，李應元不爭的性格與人生觀，其實不利於所謂「江湖走跳」的低等叢林法則。不過，因為李應元篤信老莊哲學「相因相成，成敗互生」的哲思，以至於能讓自己以平常心「看破」利害，而著重「快樂」自在的人生觀。所以，就我所知，因為政治現實，李應元博士錯過三次挑戰雲林縣長及一次出戰台北縣長的機會。即便遭遇如此政治現實，李應元不但從未有所抱怨，還不斷認真地收拾殘局及熱情地開創大局。

二〇〇四年「二二八牽手護台灣」，以及二〇〇五年九月十九日臨危受命接任勞委會主委，就是歷史明證。作家顏擇雅認為：「李應元跟黃信介、盧修一、陳定南一樣，也會成為台派政壇長久被懷念的一種典範。」從李應元博士具體實踐老莊哲學的實證來看，我認為他已是「不爭但快樂的典範」。

先是人，才作為雲林人、台灣人、台灣大學公衛學士及碩士、美國哈佛大學醫療管理學碩士、北卡羅來納大學醫療經濟學博士、黑名單、台灣獨立運動參與者、政治良心犯、立法委員、推動台灣制憲志工、首位民進黨駐美副代表、二次出任行政院秘書長、「二二八牽手護台灣」總幹事、勞委會主委、民進黨中央黨部秘書長、環保署長到泰國大使的李應元博士已化為春泥，植存在他心愛的台灣。從他實踐一生生命的台灣意識；從他疼惜弱勢、台灣勞動者的慈悲心懷，看見李應元不只具有調和鼎鼐的氣度與修養，更是一位具有擘畫利民富國長遠政策的前瞻政治家。

生命只有一次，但誠如作家顏擇雅所評價：「李應元代表的是謙和、溫暖、樂觀，總是與人為善，又有創意的典範。」李應元博士為自己生命拚博、為利益眾生所留下的熱情、精神和意義，這份「善的循環」的實證和實踐意義，將深深植存在我們台灣人的記憶中。

一蕊花，生落地，爸爸媽媽疼上濟……手牽手，心連心，咱站作伙，伊是咱的寶貝……李應元博士，伊真正是咱台灣人的寶貝……

第三章

讓《經濟學人》雜誌專題報導的環保署長

二〇一六年，蔡英文、陳建仁當選正副總統，林全銜命組閣。台灣邁入第三次政黨輪替，人民普遍期待蔡政府能開創新局，振衰起敝。也因此，如何活絡經濟，促進就業，成為民進黨再次執政的首要任務。但另一方面，民進黨的支持者對環境保護的意識與要求更高，之前對馬政府的環保表現也多所批評。

經濟發展與環境保護之間有著緊張關係，魚與熊掌常常難以兼顧，但要如何拿捏呢？

最能調和鼎鼐的環保署長

行政院長林全深知，要解決經濟與環保之間的兩難，就必須找一個能夠調和鼎鼐，能夠提出創意解決矛盾，能夠溝通說服，能夠獲取各方面信任的人當署長。於是林全想到李應元，沒想到，李應元也答應了。

剛開始，外界質疑李應元沒有環保專業。事實上他們都不知道，李應元當年考取台大公共衛生研究所時，環境衛生那科還是所有考生中的最高分，環保署各階層也有許多李應元台大公衛系的學弟妹。

一生豁達、樂觀的李應元，常說一句話：「戰士沒有指定戰場的權力」。只要是對台灣整體有利、且符合執政團隊的需要，他都願意扛起責任去拼搏。而且他演什麼像什麼，每個職責崗位他都拼盡全力去完成使命，這種特質也讓他深受到黨內同志們的信任與託付。

台灣的環保成就讓《經濟學人》雜誌也說讚

國際知名專業期刊《經濟學人》（The Economist）雜誌在二〇一八年九月刊登對行政院環境保護署李署長的訪問，回顧在此以前，國際主流媒體對台灣的報導雖已顯著增加，但受到《經濟學人》雜誌製作十二頁專題以台灣為主體，進行深入報導，並且與其他國家相提並論，互為比較，在二〇一八年當時，應該是頗為少見的一項紀錄。

本次對李署長的訪問，深度報導台灣的垃圾處理與資源回收，並將各種指標數據與各國進行比較，對台灣的環保表現多所肯定。另外，在李署長的介紹下，大幅採訪報導台灣年輕人在投入循環經濟的創意與成就，讚譽有加。

其中，能源問題可說是台灣經濟發展的命脈，同時也備受環保人士關注。台灣地狹人稠，再加上本身在全球產業分工中扮演的角色，需要使用大量的電力。民進黨政府上台後，雖指示行政部門必須盡全力推動再生能源，但無論是太陽能、離岸風力或生質能、沼氣發電等等再生能源的建置，都需要大量土地為依託、以及相關環境生態問題的預防與對策，使得台灣很難擺脫火力發電廠。

來自《經濟學人》雜誌的肯定

有感於全球垃圾問題日益嚴重，《經濟學人》製作專題分析歐美國家，新興國家與及開發中國家所面臨的各種垃圾問題與可能解方。

該期《經濟學人》雜誌以十二頁的篇幅，大幅分析全球的垃圾問題，並舉出一些國家的做法供其他國家借鏡。記者 Jan Piotrowski 一開始便以台灣的再生回收業新創公司「小智研發（Miniwiz）」為例，說明台灣回收再利用現況。

李署長則以二〇一八年俄羅斯舉辦的「世界盃足球賽」舉例，三十二支參賽隊伍中，有十六支球隊使用台灣以回收塑膠瓶生產製造的再生環保紗球衣，這是未來推動循環經濟的範例。

李署長也說，目前台灣家戶垃圾回收率已達五十二%，事業廢棄物再利用率更高達七十七%，不僅媲美德國及南韓，也遠高於這兩項回收率分別為二十六%與四十四%的美國。如今台灣每人每日排出〇．八五公斤垃圾，低於二十年前的一．一五公斤。而台灣推動廢棄物源頭減量與循環經濟，可供全球各國參考。結論中更表示，大部分的國家可能還有一段路要走，才能向台灣經驗看齊（Most have a long way to go before they emulate Taiwan.）。

Its recycling industry brings in annual revenues of more than $2bn. Lee Ying-yuan, the environment minister, boasts that 16 of the 32 teams competing at this year's football World Cup in Russia sported shirts made in Taiwan from fibers derived from recycled plastic.

Most have a long way to go before they emulate Taiwan. Poor countries must prepare to cope with an increase in waste as they develop a middle class consuming at Western in waste as they develop a middle class consuming at Western levels. Only when they see that proper handling of solid waste can aid prosperity will the global tide of rubbish be stemmed.

《The Econmist》September 27th 2018

經濟學人雜誌報導

深澳電廠：改用進步技術，卻被扭曲抵制

他接任環保署長後，隨即面臨兩大燙手山芋：其一是深澳電廠；再來就是桃園的天然氣第三接收站。

深澳電廠原本環評已經通過，但台電後來想改用更進步的「超超臨界燃煤機組」（Ultra Super Critical, USC），以提高發電效率，並減少空污排放，因此必須進行環境差異分析審查。負責環評審查的詹順貴副署長，依法論法讓這個案子通過，卻也引來某些環保團體的強烈反彈。

當時李署長與詹順貴內心的煎熬恐非外人所能想像，對電力的需求是個不爭事實，若有更好的辦法，誰會同意燃煤電廠？更何況是改用污染排放接近於天然氣的超超臨界電廠——日本以相同技術建立的磯子發電廠，甚至就蓋在東京灣內緊鄰市區。然而排山倒海而來的批評，明顯影響民進黨在新北市市長的選情，最後在二〇一八年十月十二日，由行政院長賴清德在接受立法院總質詢時，宣布停止興建深澳電廠。

當時，喧騰一時的天然氣第三接收站環評（三接）案，也接踵而來。

回顧此案，早在二〇〇〇年阿扁總統上台以前，環保署就已通過大潭工業區與大潭天然氣接收站兩案的環評。後來工程進度拖延，因此面積較大的大潭工業區的環評失效，民進黨政府為求保護藻礁也沒打算再開發。但天然氣接收站方面，基於能源轉型的必要性，只能將開發面積降到最小程度，並將碼頭設在外海，再以棧橋方式將天然氣管線輸送進陸地。盡力來減少對藻礁的衝擊了，但還是一再地被污名化。現在許多反對此案的人説，民進黨政府當初以此案交換深澳電廠停建，這絕非事實。民進黨當初規劃的是兩者都要，才有辦法淘汰中南部老舊的燃煤電廠。

「三接」：盡最大心力，減少對藻礁的衝擊

有關環評工作，李署長一向都是麻煩詹順貴副署長代勞，由於第三接收站案的壓力極大，李署長也曾想過，是否親自主持環評大會，以示承擔。但又怕此舉會讓詹順貴覺得不被信任，最後就以平常心請詹順貴如常主持。

當天正反意見已充分討論後，最後詹順貴沒進行表決，而是做出散會決定，然後請

辭。事實上，環評會議當天傍晚，李署長就向賴清德院長提出書面辭呈，賴院長語氣和緩地說這是艱難的工作，退回辭呈。下次環評會議，李署長親自主持，通過此案。

如此過程中，最令李署長煎熬難過的是，看到一些跟自己一樣有著愛護環境之心、原本是可以一起打拚的同志，卻經常在別人發言中鼓譟插話阻止，甚至動輒提出誇大不實指控；認為唯有依照他們的想法才是保護環境。為此，李署長在環評的會議室掛上伏爾泰的名言，「我不同意您的觀點，但我會捍衛您說話的權利。」保護環境確實是最高的價值，但在成熟的公民社會，不一定適合用來合理化一切的言行。

環評是什麼？

「環境影響評估」制度（Environment Impact Assessment，常簡稱作 EIA）源自美國一九七〇年的《國家環境政策法》（National Environmental Policy Act，簡稱作 NEPA）。針對任何開發行為或政府政策，對包括生活環境、自然環境、社會環境及經濟、文化、生態等可能造成影響之程度，事前以科學客觀分析加以評定，並公開說明及審查，俾做為政府機關決策考量因素之一。

我國環評制度也是取經自美國，但不同於美國諮詢、建議性質的「性質上只是一項評估機制」，做為政府單位決策參考。我國則改成必須透過「審查機制」，設立「審查」委員會來做出「審查結論」。「目的事業主管機關於環境影響說明書未經完成審查或評估書未經認可前，不得為開發行為之許可，其經許可者，無效。經主管機關審查認定不應開發者，目的事業主管機關不得為開發行為之許可。」此即一般所謂環評審查委員會享有「否決權」的由來。（環評法第十四條第一項及第二項前段）

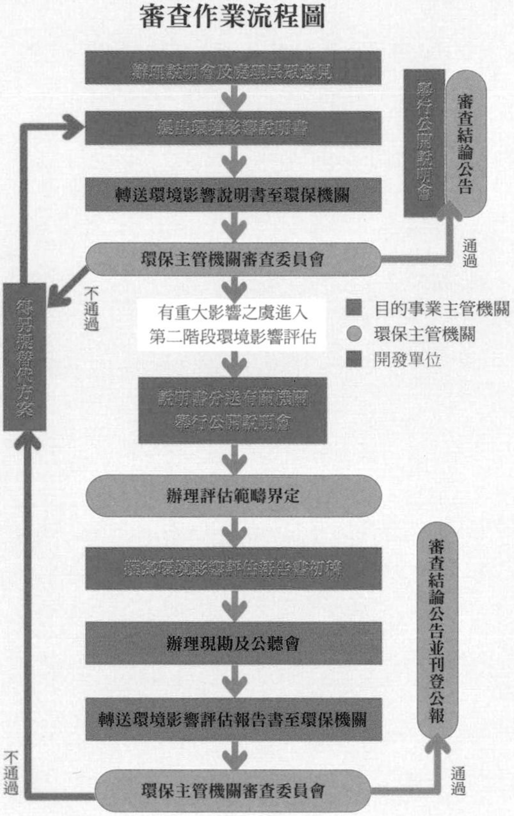

（資料來源／環保署）

愛惜野生動物：減塑、拒用塑膠吸管

減塑是最近幾年國際環保工作的重點，二〇一八年世界地球日的主題便是無一次性使用塑膠吸管。因此，李署長在推動減塑時，自然也包括減少吸管的使用。他常說：

「地球就好像一艘太空船，船上的資源每用掉一分，就少掉一分，我們沒有Planet B。」

尤其，吸管所占的塑膠製品垃圾量雖然不是很多，但對野生動物的傷害很大。媒體上常報導：野鳥誤啄吸管卡在嘴上，無法進食，最後餓死；海龜鼻孔被吸管插入而痛苦甚至死亡等。這些相關影片一再出現，引發國際環保團體人士的高度重視。李署長認為，限制吸管政策不僅是對減少使用塑膠的一個宣示，也是響應國際潮流的必要行動。

現在我們已經逐漸習慣了去速食店喝飲料時，店員不會提供吸管，大家也不會感到不便；並且較貼心的店主會改提供環保材質的吸管。但當初推動這項政策時，李署長與整個環保署則是吃足苦頭。

新聞風暴：沒有吸管，怎麼喝珍珠奶茶

環保署同仁在週五的例行記者會預告說明這項方案後，當天媒體普遍不重視，沒什麼報導。隔天星期六，新聞原本很清淡，不料，某新聞台竟然對這個新聞加油添醋負評，其他台接二連三跟進報導，最後捲動演變為重大新聞風暴，甚至成為民進黨中常會的討論話題。

記者會當天，負責政策説明的環保署同仁説，未來在店內使用冷飲，將不得提供一次性塑膠吸管，可以以口就杯喝，或是使用不銹鋼，玻璃等非一次性吸管，應該不會造成什麼困擾。

某新聞台記者問説，「那喝珍珠奶茶怎麼辦？」

同仁回答，「在店內就用湯匙啊。」

結果該電視台將「用湯匙啊」這幾個字做音效、拉長尾音，又重複幾次。結果那幾天被電子媒體高規格修理，最重大政經消息可能也沒有這種規格。環保署屢次澄清，但已覆水難收。

有人質疑，吸管的塑膠量不多，幹嘛管這閒事。但相對來說，這原本是大家舉手之勞就可做、也最輕易的環保行動；並且，環保署早在政策宣布之前便與業者溝通討論過。沒想到經過媒體連番負評，竟演變成一場政治災難。

衛生紙使用後丟垃圾桶，製造臭味、易成防疫破口

曾經在總統府人權委員會開會時，某位委員以公廁中的垃圾桶積滿如廁後的衛生紙，很不衛生，影響如廁人權。該次會議記錄寄給環保署，看環保署如何處理？

這個議題之前在環保署也討論過很多年，每次最後都不了了之。雖然大家都知道，如廁後的衛生紙丟在垃圾桶，是廁所發出味道的重要關鍵；但若要求民眾將衛生紙丟入馬桶，必然引來會阻塞水管之類的抱怨。因此環保署承辦同仁回覆給人權委員會的公文，態度模稜兩可，莫衷一是。這份公文被在家裡負責洗馬桶的李署長退回，並要求負責同仁必須提出將如廁用紙丟入馬桶的配套措施。

李署長請同仁洽詢國內所有的衛生紙製造商，是否都使用短纖紙張製造，迅速溶解於水，合理使用絕不會造成水管阻塞。得到的答案是多數業者已經使用短纖紙漿，

其他業者也表示會儘速跟進。所有業者都承諾會在外包裝加註該產品是否溶於水，於是開始宣導這項政策。由於許多公廁管線設計不良，即使不丟進衛生紙，也經常會阻塞。因此環保署也編列預算補助改善公廁，藉以改善公廁使用體驗。

公廁均已採用短纖衛生紙，不會造成阻塞

早在過去 SARS 期間，松山醫院是專責醫院，醫護人員都會想辦法減少院內感染的機會。當時院內的醫護人員就曾反映，如廁後的衛生紙放在垃圾桶很容易成為防疫的破口。因為可能透過清潔人員的接觸散布病毒，甚至未直接接觸也可能透過氣膠（泛指懸浮於空氣中的微小固體或液體，如 PM2.5、粉塵與飛沫等）散布病毒。當時雖基於種種原因，未強制要求如廁後衛生紙丟馬桶。但李署長的勇於任事，積極推動，已大量減少公廁垃圾桶的衛生紙數量，面對後來 Covid-19 病毒來勢洶洶，公廁衛生環境的改善，相信對於抑制病毒傳播擴散極有助益。

英國《經濟學人》雜誌製作全球垃圾問題專題，介紹台灣經驗供解決參考。（環保署／提供）

「衛生紙丟馬桶」是提升公廁潔淨品質的首要作法，也是國際禮儀的好規範。（環保署／提供）

第四章

環保外交突破

民眾可能不知道或沒留意，我國與美國在國際環保事務，長期保持密切合作關係。早在一九九三年以來，兩國環保署的專家就持續進行密切交流。

首位與美國內閣官員會晤，並由ＡＩＴ發布新聞稿

二〇一四年美國環保署發起《國際環境夥伴》（International Environmental Partnership, IEP）計畫，美國和台灣環境專家與全球近四十個國家就空氣污染、環境法規執行、汞監測、電子廢棄物回收管理、污染場址整治、環境教育等領域，保持共同行動。

李署長在美國環保署署長辦公室商討台美環保合作事宜。（環保署／提供）

而李署長則是台灣第一位部會首長在美國的首長辦公室會晤，並由美國在台協會（ＡＩＴ）發布新聞稿，可說是台美關係、環保外交的一大突破。

二〇一七年九月二十一日在ＡＩＴ和駐美國的台北經濟文化代表處（TECRO）安排下，李署長與美國環保署署長史考特．普魯特（Scott Pruitt）進行會面，並見證ＡＩＴ和 TECRO 舉行的雙邊環保合作續約儀式，雙方未來將繼續共同因應區域和全球的環境挑戰。兩國環保署承諾將在ＩＥＰ的架構下，繼續就空氣污染、汞監測、電子廢棄物回收管理等環境挑戰進行合作。

除此之外，台美新增兩項有關兒童衛生和空氣品質管理的活動，並透過此一夥伴關係，美國和台灣的環境專家啟動多項合作計畫，進行研究和技術交流，共同投入。普魯特署長更讚許台灣環保署在改善空氣品質、汞監測、電子廢棄物回收管理方面發揮了領導作用，相信台美共同合作，對亞洲、對全世界都至關重要。

哥倫比亞大學沙賓氣候變遷法律中心邀請發表 SDGs 報告

二〇一七年九月十五日李署長赴美國紐約出席由哥倫比亞大學沙賓氣候變遷法律中心（Columbia Law School, Sabin Center for Climate Change Law）所舉辦「全人類的地球：落實永續發展議程（A Sustainable Planet for All: Implementation of the Sustainable Development Goals）」國際研討會，並以「Taiwan’s Voluntary National Review: Implementation of the UN SDGs」為題，發表我國首部「聯合國永續發展目標自願性國家檢視報告」，展現我國於聯合國十七項永續發展目標之積極貢獻，並與與會之國際人士就相關議題深入討論及對話。

那幾天剛好聯合國召開高階會議，許多國家的元首或高層都抵達紐約聯合國總部，因此吸引近一百五十位國際人士出席，包含各國政要人士、外交使節，以及永續發展議題學者專家及相關國際非政府組織代表等。吐瓦魯 Sopoaga 總理於致詞時，特別感謝我國積極協助許多小島國家因應環境衝擊。

期間李署長也接受「世界論壇報」（World Tribune）及「國際永續發展協會」

（International Institute for Sustainable Development）專訪，以及多家媒體採訪，獲得國、內外媒體顯著報導，充分達成國際對話。

於 CSIS 發表「台灣環保領航」

接著，九月十八日，李署長於「戰略暨國際研究中心（CSIS）」發表「台灣環保領航」報告，首先由該中心亞洲事務資深副會長葛林（Michael Green）致詞歡迎，報告後與美環保署代理助理署長西田（Jane Nishida）及「美國節能經濟委員會」（American Council for an Energy-Efficiency Economy, ACEEE）資深研究員 David Ribeiro 座談，由美國華府智庫「戰略暨國際研究中心」（CSIS）費和中國講座（Freeman Chair in China Studies）副主任甘思德（Scott Kennedy）主持，計有美環保署官員及各大媒體近百人出席。

李署長上任後首度拜訪美國華府，在智庫發表演説，介紹台灣推動資源回收、限塑等各項環保政策，以及目前的國際合作經驗。（環保署／提供）

馬紹爾的語言有五%跟台灣阿美族一樣

由於李應元曾經擔任駐美副代表，廣受同仁愛戴，因此外交部非常用心的為「老同事」安排行程。而他也善於利用機會，在緊湊的行程中擠出時間幫國家做外交。例如李應元在擔任環保署署長時，外館就特別安排他跟馬紹爾群島總統希爾達．海妮（Hilda Heine）會晤，雙方就氣候變遷及環境合作議題廣泛交換意見。Hilda Heine是馬紹爾第一位獲得博士學位的人，博學的她還說，他們的語言有五%跟台灣的阿美族一樣。

李署長跟馬紹爾群島總統希爾達·海妮（Hilda Heine）會晤。

與謝志偉共創環境外交典範

二〇一七年十一月，在德國波昂召開的聯合國氣候變化綱要公約第二十三次締約方大會（COP23），許多國家都由高層代表出席。台灣雖然不是聯合國的會員國，但仍組成龐大代表團前往德國參與。外交部把握此拓展外交契機，再度找「老同事」領軍，請李署長擔任團長，帶領行政院能源及減碳辦公室、國家發展委員會、經濟部能源局及水利署、交通部（中央氣象局及運輸研究所）、行政院農業委員會（林務局、林業試驗所及農業試驗所）、科技部、國家災害防救科技中心、外交部等部會參加。

在駐德謝志偉大使事前縝密充實規劃，李署長充分配合精彩演出之下，兩人攜手塑造了成功的環境外交典範。

謝志偉跟李署長有許多相似處，幽默風趣且有創意。但外界比較不清楚的是，謝志偉做事也是有高度紀律的拚命三郎。例如代表團每次公布集合時間時，他總是提前五分鐘到達指定地點，再利用等候時間打電話回訊息或看公文。如此以身作則，使得規模不小的代表團每次都很準時。

三十一場雙邊會談，李署長親自出席十九場

此次 COP23 會議，台灣無論是高階會議或場外周邊會議，參與層級、數量都有增加，不過身為代表團團長的李署長，「不意外」地再次因中國干涉而無法進入會場。

他還善於利用機會，在駐德大使謝志偉安排下，與友邦國家進行三十一場雙邊會談，李署長親自出席其中的十九場，會晤馬紹爾群島、諾魯、吐瓦魯、史瓦濟蘭、聖露西亞等友邦元首，並與多國環境部長、駐聯合國大使及德國國會議員等進行深入的對話。

此外，整個外交團隊動起來，事先與友邦溝通，請其在會中為台灣發言：計有十二個友邦於 COP23／CMP13 領袖高峰會及高階會議（High-level segment）上為我執言，支持台灣以觀察員身分正式參與 UNFCCC，包括：尼加拉瓜、史瓦濟蘭、布吉納法索、馬紹爾群島、宏都拉斯、薩爾瓦多、索羅門群島、貝里斯、吐瓦魯、海地、聖露西亞、瓜地馬拉等。

此外，並有尼加拉瓜、史瓦濟蘭、布吉納法索、馬紹爾群島、宏都拉斯、薩爾瓦多、索羅門群島、貝里斯、吐瓦魯、海地、諾魯、聖克里斯多福及尼維斯、聖文森、巴拉

▲謝志偉大使安排李署長與德國國會議員座談。（環保署／提供）

謝大使與李署長拜會德國環境部。（環保署／提供）

李署長接受德國之音專訪。（環保署／提供）

圭、吉里巴斯等十五國致函此次會議主席斐濟總統，及公約秘書處執行秘書，支持我國實質參與，並呼籲不應排除台灣於聯合國氣候變化綱要公約會議活動之外。

順便一提，台灣團在萊茵河上的遊艇掛上布條「Let TAIWAN Help, Leave No One Behind.」，再三強調台灣在全球對抗氣候變遷的陣營中不該缺席。

二十四小時鐵人柏林行：拜會德國環境部加三場電視訪談

結束整天緊湊密集的會談後，在謝志偉大使規劃安排下，李署長連夜飛抵柏林，展開又一天的鐵人行程：

一大早接受德國之音英語頻道專訪，暢談台灣的能源轉型計畫，以及推動再生能源的現況。德國之音在全球的收視群約有五億人，不少友人在台灣也看到該專訪。

近中午接著再上柏林電視台進行專訪，接著拜會德國環境部，傍晚再安排德國之音的中文節目，夜間返回波昂。

尤其，細膩的謝大使還事先安排德國「商業及外交雜誌」以李署長作為封面故事，登載專文介紹我國因應氣候變遷相關成果與目標方向，並在COP23大會期間於各會場發送。

COP 會議期間遇到周末空檔，代表處租一艘遊艇請友邦人士遊萊茵河，Let Taiwan Help 的布條也成為顯目的訴求。（環保署／提供）

李署長與友邦代表遊萊茵河。（環保署／提供）

簽署「台越環境保護合作協定」

台灣雖然跟越南關係密切，但由於越南緊鄰中國，並且在經濟上對中國更是高度依賴，與台灣的正式交往還是有些顧忌，因此「台越環境保護合作協定」的簽訂，也是歷經許多波折才簽妥。

這當中出力最大的是前越南駐台大使陳維海。陳維海與台越工商促進會陳拓榮總經理有深厚交情，而陳拓榮總經理剛好是李署長台大公衛系的學弟。在此因緣機遇下，陳維海到台灣就職後，陳拓榮總經理就帶他拜訪李署長，雙方相談甚歡，並把環保議題視為兩國合作重點項目。為此雙方多次討論，並成為好朋友，陳維海也把這件事當作必須完成的工作，多次往返台越兩地，以穿針引線。

其次，台灣駐越南石瑞琦大使也是功不可沒。二〇一八年七月李署長率團訪問越南，在石大使安排下，與越南環境資源部陳紅河部長就台越雙方環境保護未來合作交換意見，並拜會總理府梅進勇部長，以及越南商工總會主席武進祿先生，就台灣與越南在環境保護、經濟貿易等合作，廣泛交換意見。據了解，這是台越雙方部長級人物首次公開往來活動。

台越環境保護合作協定於二〇一八年七月二十五日由我駐越南代表處石瑞琦大使及越南駐台北經濟文化辦事處陳維海代表台越雙方簽署本協定。

簽署儀式由李署長及越南資源環境部武俊仁副部長觀禮見證。隨後展開工作會議，會中除確認未來優先合作項目外，我方承諾規劃致贈一百個「空氣品質感測物聯網感應器」，並提供空氣品質監測環境保護訓練課程。

李署長率訪團與越南梅進勇部長（左七）合影。（環保署／提供）

赴歐盟宣揚台灣的循環經濟經驗

把環保署業務充分結合外交工作，是李署長一大特色。二〇一七年六月，拜會歐盟成長總署，與Evans總署長及其他歐盟官員就台歐雙方產業政策進行討論。他也是第一位走進歐盟辦公室，與部長級人士暢談循環經濟的台灣部會首長。

李署長特別準備了「Taiwan Circular Economy Initiatives and Development」簡報，並印發給在場聽眾。他侃侃而談，向成長總署長及其他歐盟官員介紹了台灣在循環經濟的發展現況。

他說，台灣因缺乏天然資源且人口眾多，過去四十年環保概念已從減少污染，到減少廢棄物、毒物及排碳，現今更提出5R（包括減量Reduction、再使用Reuse、物料回收Recycling、能源回收Energy Recovery、新生土地Land Reclamation）之循環經濟概念，同時以再設計（Redesign）理念達到零廢棄目標。例如二〇一四年世界足球盃採用之足球衣係利用回收的塑膠瓶所製成。

此外，我國亦推行回收稀貴金屬、並以創新技術進行城市採礦，達到廢棄電子電器資源的再利用，及以物聯網（Internet of Things）概念設計到府回收APP應用軟體等，在推動循環經濟、促進GDP成長之餘，亦能有效創造就業機會。

李署長並在簡報時提出建議，未來台灣與歐盟間可建立循環經濟夥伴關係，就回收科技、人員訓練，法規及政策進行實質交流與合作。成長總署長及其他官員在簡報過後紛紛提出相關問題，深入交換意見。

城市採礦

隨著現代科技的發展，越來越多的廢棄手機電腦等電子垃圾也隨之產生。但這些電子產品中卻含如金、銀和鈀等稀有金屬等。透過最新科技技術，可以將其分離回收，以循環再利用。因此被稱為「城市採礦」。

另外，建築廢料、生物廢物、碎玻璃、紙張和卡片、塑膠等化合物也是城市採礦對象和資源，同時，對這類廢物的循環再利用對減少生態破壞，以保護環境。

感慨：歐盟與荷蘭都是經濟與環境人才互通

緊接著，他又馬不停蹄地拜訪了歐盟環境總署，與 Calleja 總署長一見如故的暢談循環經濟。有意思的是，Calleja 上一個職務正是成長總署總署長。在歐盟，從事經濟發展的官員與環境保護部門互有交流，不像台灣幾乎沒交流。

李署長接著趕往歐洲議會，與十多位歐洲議會議員午餐，並進行「循環經濟」專題演講。其中歐洲議會友台小組副主席科瓦契夫（Andrey Kovatchev），致詞時提到台灣是歐盟的好朋友，他及同事曾多次訪問台灣，拜會過台灣政府官員及各單位，見證台歐雙方在免簽措施下往來日益頻繁，未來將與台灣保持密切連繫。

順便一提，被稱為「循環經濟先生」的前荷蘭駐台代表紀維德離開台灣後，回到荷蘭的「經濟與氣候政策部（Ministry of Economic Affairs and Climate Policy）」服務。由此可見，許多歐洲國家的政府在規劃經濟發展時，也同時會考慮到環境保護問題。

台灣部會首長第一次出席在歐盟執委會，與其部會首長同桌開會。中間為李署長，右一鄧振中政委，右二駐歐盟大使曾厚仁。（環保署／提供）

前荷蘭駐台代表紀維德與李署長剛好同時間離開現職，國內民間友人設宴歡送。（環保署／提供）

第五章

最難捨，離開環保署

如前所述，蔡英文在二〇一六年當選，還未就職總統之前，就明白空污問題將是民眾最重視，也會是此後在野黨最主要的批評目標。無論如何，唯有盡力全力改善，沒有迴避的空間。

治理空污，是科學，無奈更是政治

若以科學方法來整治空污，當然是先辨別各污染源，然後對症下藥。其中，最符合民粹的，當然是鎖定目標最顯眼的大煙囪，例如火力電廠與石化廠，看起來便是正氣凜然的打老虎。

然而，事實上，為了進一步提升空氣品質，數以萬計的小煙囪，例如機動車輛的排煙管、宮廟燒香、金紙、燃放鞭炮等等不能不管，而這類問題的處理必然造成民眾很大不便，最容易引發民怨。

台灣的空污來源可分為三大類

雖然這幾年下來國人對空氣品質要求的意識提高了，但對空污來源的認識卻十分薄弱。一講到空污，大家聯想到的就是火力發電廠或石化廠的大煙囪。事實上台灣的空污來源可分為三大類，以目前大家最常說的指標污染物 PM2.5 為例，其占比如下圖。

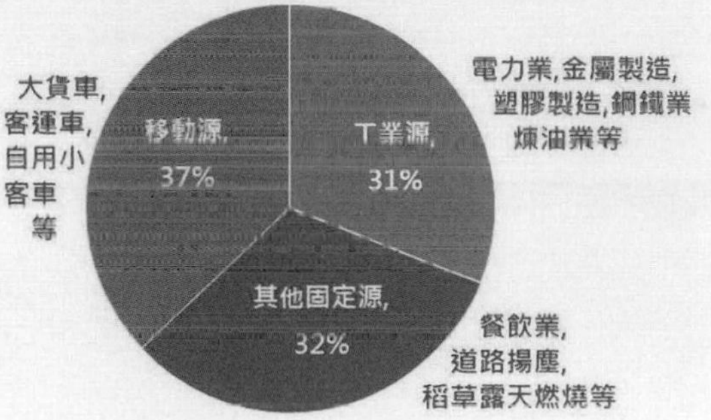

國內各類污染源對細懸浮微 PM.5 度影響比例。（環保署／提供）

提高排放標準：全國大廠增列二千億元支出

面對空污議題，李署長採多管齊下的方式來推動污染減量，包括國營事業及大型企業空污減量、鍋爐管制、餐飲油煙管制、改善民俗活動衍生污染、營建及堆置揚塵管制、農家稻草及果樹枝去化處理、河川揚塵防制、一至三期大型柴油車汰舊換新或污染改善、二行程機車污染改善或淘汰、港區運輸管制、交通管制新作為、交通運具電動化、補助及推廣空氣牆設置等策略。大幅降低污染排放，空氣中 PM2.5 的濃度也顯著下降。

因此，先在二〇一六年十二月讓新的電廠排放標準生效，把重金屬納入管理項目，並且調高一般工商使用的鍋爐排放標準。因此台電、中鋼、中油三家國營事業將增加五百八十億元的環保支出，並帶動其他民間企業約二千億元的環保投資。

相信大家都有在路上遇到烏賊車揚長而去，不禁掩鼻長嘆的不快經驗。事實上讓人不快事小，危害國人健康事大，特別是台灣機動車輛的密度高居全球第一。為了改善此情況，環保署規劃鎖定空污排放量最為可觀的柴油大貨車，設計一系列的補助汰舊換新，以期能改善被ＷＨＯ列為一級致癌物質的柴油車排放。

左：2016 年 12 月，李署長視察高雄林園地區工廠。（環保署／提供）
右：2017 年 5 月，李署長至高雄仁武、大社地區視察工廠空氣污染管制情形。（環保署／提供）

左：2017 年 7 月，李署長視察中鋼公司空污防制作為。（環保署／提供）
右：2017 年 8 月，李署長視察六輕工業區，督促台塑積極推動空污改善。（環保署／提供）

柴油車：WHO列為一級致癌物質

當時鎖定全國八萬輛第一、二期的老舊柴油車（分別為一九九三與一九九九年以前出廠），因為其產生的PM2.5就佔境內污染總量的十六％，或相當於五座台中火力發電廠。當時台灣現役最高齡的柴油大貨車有四十八年，將近二十％的大貨車年齡在二十五年以上，數量高達四萬三千輛。

二十幾年前柴油車的污染控制技術，以目前環保要求的標準來看，可說是烏賊車，更何況隨著機械折損，也更增加污染排放。這也是為什麼車輛的污染排放，跟工廠電廠的排放不相上下。為了有效整治空污，柴油大貨車不可能不處理。

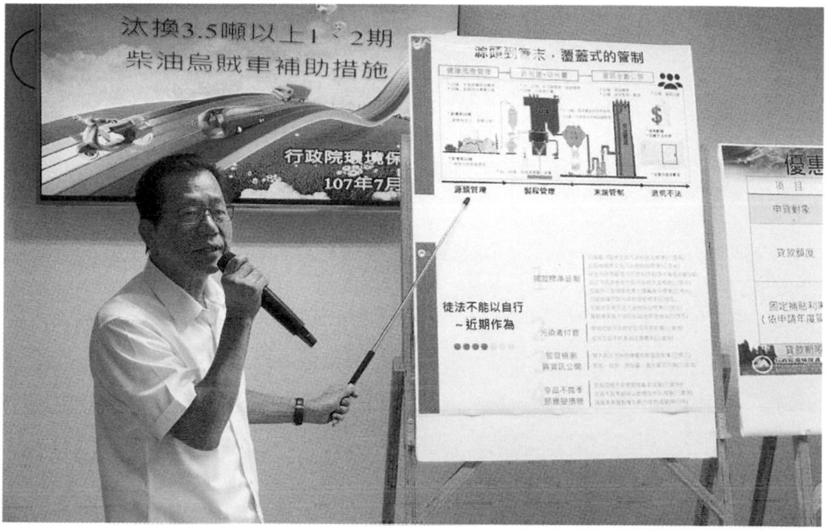

2018 年 7、8 月，李署長多次召開記者會，說明大型柴油車補助辦法，希望能減少外界疑慮。（環保署／提供）

柔性「減」香被媒體誤導為強制「減」香

另一個備受爭議的空污議題，即是台灣民俗信仰中的紙錢焚燒問題。環保署對此政策的前提是，尊重宗教信仰及民間風俗，推動少香、少金、少炮，以免近距離接觸之宮廟從業人員、信眾與鄰近民眾，因燃燒金紙與香累積的高濃度污染而損害健康。與之前對工業污染排放或是機動車輛的管制相較，這個議題算是柔性勸導。

但有一次李署長接受電台專訪談空污整治，其中談到「減」香，有媒體文稿寫成「滅」香（有人說是因為字型過於類似造成中文輸入錯誤），結果被有心人惡意截圖一再散播，成為選舉中不同政治陣營的動員藉口。雖然環保署一再澄清，無意也沒能力滅香，但還是三人成虎。在媒體推波助瀾之下，加上部分業者、宮廟事業人員的收入受到影響，激起他們的危機意識，部分業者發動包圍總統府的風波，引發社會討論。

這是典型假新聞的操作方式，特定政治勢力找與配合高且小有知名度的人士，先在臉書捏造不實事證，然後媒體再假借報導為名，製作成新聞一再傳播以打擊異己。

2016 年 8 月，李署長親自參與、積極宣傳各項空污防制措施，同時呼籲中元普渡減少焚香及燒紙錢。（環保署／提供）

2017 年 3 月，李署長與新北市議員鍾宏仁在新莊地藏王菩薩廟宣導少金少炮。（環保署／提供）

行天宮、龍山寺率先自主減爐降空污

其實有些宮廟早已認知到此一危害性，自主性推動減爐，以改善空氣污染。例如行天宮二〇一四年就開始實行減香活動，強調信眾要「問心敬神」，只要以道德的心、慈悲的心，就能夠將心願傳達至神明，達到最好禮敬神明的效果。並不需要豐盛的供品，或是燒很多的香線、金紙來進貢神明，正所謂心誠則靈。行天宮力推環保化，一開始周邊供品店家也因為生意下滑，而群起抗議，但經過廟方溝通，業者也從善如流。

李署長也特別往萬華龍山寺參拜祈福，由龍山寺董事長黃書瑋陪同，一柱清香證明絕無滅香之事。也再三拜託社會各界，別再以訛傳訛。龍山寺早先逐漸減爐，到二〇二〇年已經全面停香。黃書瑋解釋，有鑑於台大醫學院針對龍山寺周遭空氣品質實驗研究數據，過去 PM2.5 始終紫爆超標，為了信眾、周邊居民等人的健康，才決議減少燃香支數量。行天宮沒錯，龍山寺沒錯，但卻因此激起一些人的危機意識，而李署長承擔這一切。

台北市萬華龍山寺考量環保與健康，自 2020 年起全面停香。（中央社／提供）

台北行天宮從 2014 年起就全面停止燒香，信徒改以雙手合十方式朝拜。
（林啟驊／提供）

焚燒紙錢、香、鞭炮會釋放致癌物質

根據統計，全台二〇一六年約焚燒紙錢十九．五萬公噸，燒香約一．一萬公噸，鞭炮同樣數以萬計。在燃燒後會產生硫氧化物、氮氧化物、一氧化碳、苯、甲苯、甲醛、多環芳香烴及細懸浮微粒等多種物質，其中苯、甲苯、甲醛、多環芳香烴等物質具有致癌性，被人體吸入後，會對健康造成損害。

另，依據中央研究院環境變遷研究中心研究發現，「燒香」行為對民眾 PM2.5 暴險濃度造成增量影響。香客在宮廟內拜香時，個人微粒暴險濃度比宮廟外高出四至六倍。一般民眾居家拜香時，在門窗緊閉的房間內焚香比在開窗通風房間內焚香的微粒暴險濃度高出七至十倍。

環保署於 2018 年出版《戰勝 PM2.5》。
（幸福綠光出版社／提供）

主動承擔敗選責任，請辭環保署

以上這些政治上的眉眉角角，從政多年的李署長不可能不知道，也不可能沒想過。但是，若要認真大幅改善空污，絕對不可能只管大煙囪而不管其他污染。

無奈，空污整治方案中的老舊機動車輛汰換與少金少炮兩政策，雖然在科學上沒有什麼問題，卻因政治不正確，在二〇一八年十一月底的地方選舉中，飽受攻擊。

二〇一八年十一月底台灣舉辦地方公職人員選舉（又稱「九合一選舉」）。這次選舉是蔡英文二〇一六年當選台灣總統後，第一次大型地方選舉。然選舉結果，綠營慘敗。民進黨在二十二個縣市首長中只取得六席，而國民黨則拿下至十五縣市。

綠營內部檢討認為主要三大原因所造成：是農產品價格沒處理好、重大交通事故頻傳以及環保空污政策等。其中包含台中市市長林佳龍競選連任失利，很多人將之歸咎於空污問題未能解決，此一結果也導致李署長選擇坦然辭職，離開環保署署長一職。政務官下台不需要理由，而視乎整體執政團隊的需求，因此離開環保署時他很坦然。由於當時塵埃未定，他也沒對外表示什麼。但現在若能回頭反思當時的情況，也許有助於未來相關政策的推動。

其中「少金、少香、少炮」、「淘汰污染老車」等政策，固然在選舉中受到操弄與爭議，環保署有口難言，有理說不清。但如今時過境遷、塵埃落地，我們回過頭來檢視相關環保政策時，仍必須以科學、客觀的角度，來論究是非，評價得失。但政策規劃與實施過程，對於來自政治與民粹的干擾，也應當做重點防範。

就算下台，也要換得好空氣

台灣的空氣品質到底有無改善呢？根據二〇一八年WHO公告亞洲主要城市PM10年平均值濃度，日本東京PM10年均值為三十六μg／m^3、大阪三十七μg／m^3，及京都二十九μg／m^3，我國台北三十二．五μg／m^3。也就是說台北的空氣品質已經媲美東京，而台中高雄的空氣品質亦較韓國主要城市為佳。

國人關心空氣品質指標AQI紅色警示次數，也由民國一〇四年的九百九十七次、一〇五年八百七十四次、一〇六年四百八十三次，降至的一〇七年三百一十次。另手動監測站統計PM2.5濃度近五年一至八月同期比較，由一〇四年二十一．九μg／m^3、一〇五年二十．六μg／m^3、一〇六年十八．七μg／m^3，降至一〇七年十七．九μg／m^3，皆顯示我國空氣品質持續改善。

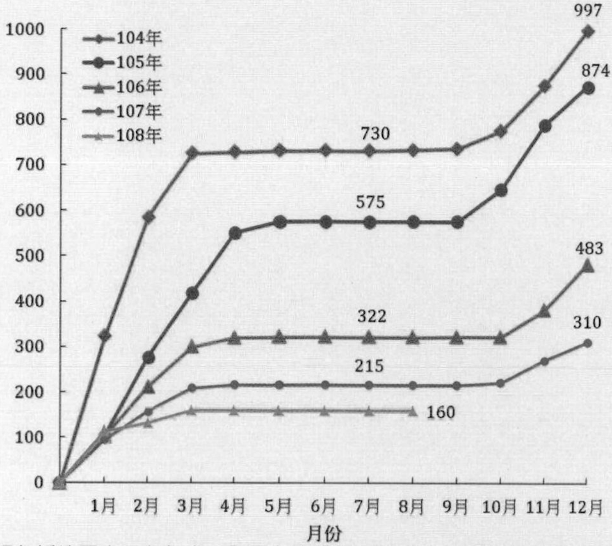

各顏色折線圖表示各年度，全國各空品監測站累計出現紅色警戒的次數。（環保署／提供）

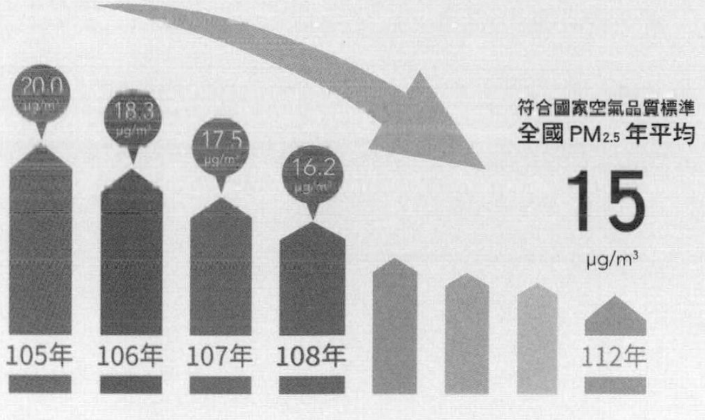

（資料來源：環保署）

遲來的肯定，難掩遺憾

二〇一八年底，在李署長請辭幾週之後，美國耶魯大學與哥倫比亞大學公布二〇一八年全球「環境表現評比（Environmental Performance Index）」，台灣獲得最佳成績第二十三名。過去台灣在這項評比的名次起起落落，但從來沒這麼高過。這項得來不易的成果，也代表了對李署長擔任環保署長任內成績的肯定。

台灣地狹人稠，又是許多工業產品的全球主要製造基地，環境負荷沉重，有此成績實屬不易。從國際來看，外國人覺得台灣做的不錯啊，國內卻紛擾不休，不能客觀的評量環境品質改善的成果，以短視政治考慮凌駕科學分析與執行成果，對一生愛台護台的李署長來說，應是一大遺憾。

2018 EPI RANKINGS

RANK	COUNTRY	SCORE
1	Switzerland	87.42
2	France	83.95
3	Denmark	81.60
4	Malta	80.90
5	Sweden	80.51
6	United Kingdom	79.89
7	Luxembourg	79.12
8	Austria	78.97
9	Ireland	78.77
10	Finland	78.64
11	Iceland	78.57
12	Spain	78.39
13	Germany	78.37
14	Norway	77.49
15	Belgium	77.38
16	Italy	76.96
17	New Zealand	75.96
18	Netherlands	75.46
19	Israel	75.01
20	Japan	74.69
21	Australia	74.12
22	Greece	73.60
23	Taiwan	72.84

2018 年的全球環境表現評比，台灣獲得第 23 名。（翻拍／Environmental Performance Index）

細數環保署長任內的貢獻

廖宜恩（中興大學資工系退休教授）

李應元後來的從政之路雖有起伏，卻也有許多佳作，我要特別提到他在環保署長任內的貢獻：

他設立四年要減少五〇% PM2.5 紅色警示之目標，提出「空氣污染防制行動方案」，要求國營事業及大型企業空污減量、工商業鍋爐管制、餐飲油煙管制、改善民俗活動衍生污染、營建及堆置揚塵管制、農家稻草及果樹枝去化處理、河川揚塵防制、改善柴油車、二行程機車污染等，而這些政策目標也提前兩年於二〇一八年底達標。

2018 年 10 月 15 日李署長與美國阿岡國家實驗室的 Norman Peterson 主任、西北大學 Aaron Packman 主任、李德財諮委等討論智慧城市環境監測合作計畫，期望改善空污與營造健康智慧城市。（廖宜恩／提供）

另外，他也推動循環經濟與臺灣海洋廢棄物治理行動方案，希望早日達成「無塑海洋」的目標。其中他所提的寺廟與宗教活動減少燒香、燒金紙的「減香」，卻被中國的內容農場造謠為「滅香」，以致引發宗教團體的抗議。

以今日台灣人民對改善空污與環保的共識來看，李應元當時的政策可以說是真知灼見！

與蔡英文總統的相識相惜，感念當年的第一次站台助選

談到李應元與蔡英文的結緣，應該是始於二〇〇二年。

時任駐美代表的李應元，接受行政院長游錫堃之邀，返台擔任行政院秘書長一職，並和當時的陸委會主委蔡英文成為同事。

月桂姐回憶起他們兩人的這段相識，她說：我最常聽應元提起，那時候他與蔡英文兩人在開會時常常拌嘴；不過由於應元很會說笑話，嚴謹的蔡英文主委也常常被他逗笑。或許是這樣的機遇，讓他們成為摯友。

二〇〇二年李應元參選台北市長時，蔡英文登台助講時說，她太欣賞李應元了，所以即使以前從不參加選舉活動，也要破例為李應元站台。之後，李應元對於蔡英文的各種輔選工作，無論職稱，都是不遺餘力的回報。

投入新北市輔選與小英之友會

二〇一〇年，時任民進黨黨主席的蔡英文參選新北市長時。曾經兩度在台北縣當選

立法委員、擁有廣泛人脈的李應元，當然是當仁不讓、湧泉以報。

當時競選總部決定，在傳統選戰組織架構之外，另外成立「小英之友會」，以候選人個人的特質為訴求，走入各行各業之間，開拓新的中間選民，吸引跨黨派支持者。李應元覺得這是很好的點子，於是傾盡其在地人脈資源，全力以赴。由於他一向廣結善緣，與人為善，再加上之前二二八牽手護台灣時不知不覺累積的人氣，對小英之友會的初期擴展，頗有助益。

當時負責組織運作「新北市小英之友會」的幹部說，打從一開始，就決心打一場不同於傳統的選戰，因此以候選人清新親和為訴求，每週都選擇在不同地方舉辦小型「茶餅會」，與選民面對面直接溝通，增進大家對候選人與其政見的認識與了解。這段時間，李應元每場必到，從未缺席。他的懇切態度、親切笑談也成了活動的最佳熱身。

由於大家的努力，「新北市小英之友會」人數從數十人快速成長為近千人。二〇一六年蔡英文代表民進黨角逐總統大位時，「小英之友會」已經擴展到四萬多會（每會十人，其中一人為會長）、四十多萬會員，且參與者幾乎都是熱情出錢出力的鐵粉，逐漸成為總統選戰時重要力量之一。

二〇一五年：蔡英文以總統候選人身分走進美國國務院

美國是我重要國際盟邦，加上旅美多數台僑長期出錢出力支持台灣的民主化運動，因此，主要政黨的總統候選人，大選前都會有一趟美國行。

二〇一五年蔡英文競選總統時，就由李應元、吳釗燮、黃志芳與蕭美琴等人士作陪，走訪美國政界與僑界。創下先例，由蔡英文首次以「總統參選人」身分走進美國國務院，會晤時任副國務卿的布林肯（Antony John Blinken，後來擔任拜登總統的國務卿）等人。

在美國的記者會中，媒體詢問蔡英文是否有遺珠之憾？

李應元在旁開玩笑說：「沒有見到歐巴馬?!」

蔡英文笑著打了李應元一下，這一溫馨畫面，不少人記憶猶新。

會後在與台僑聚會中，李應元將會場的氣氛炒到最高點，唱名邀請蔡英文上台。蔡英文開玩笑地說，您繼續講，不要停；台上台下，笑成一團。

2015 年美國阿肯色州卸任州長來台拜會時任民進黨蔡英文主席，李應元負責接待。
（陳益明／提供）

此外李應元也撥空到同鄉會的夏令營，分析台灣的政情與兩黨的主要政策差異。當時的簡報便已分析直指，政經過度傾斜中國，風險太大，後來的政局也一一印證。

送給希拉蕊三隻小豬

二〇一六年二月美國總統初選打得火熱，呼聲頗高的前國務卿希拉蕊·柯林頓（Hillary Clinton）在參加一場洛杉磯台僑舉辦的活動時，驚喜收到準總統蔡英文的三隻小豬圖畫及手寫祝福。這三隻小豬是由李應元請阿肯色前州長畢比（Mike Beebe）轉交給希拉蕊，因為畢比與柯林頓不僅是前後任阿肯色州州長，更是數十年的好友。由於美國的選舉法對外國人的參與限制很多，因此許多出錢出力出面的事情，就由李應元的好友翁嘉盛等人來處理，促成這場盛會。

希拉蕊很高興收到小英競選時的三隻小豬圖畫及手寫的祝福，她更興奮的是希望能夠如蔡主席一樣，再戰就成功。在對台僑演說中，希拉蕊肯定並強力支持台灣的民主成就、一定會和蔡總統保持 good working relationship。希拉蕊也提到國務卿任內，oversee and promote 台灣保衛民主自由所需的軍售，將來當然繼續支持。

雖然事後有人質疑這件事，理由是不能這樣單邊押注，但李應元從來沒說不要經營共和黨的關係。他只是有這個人脈管道可以做這件事，他也希望別人有其他管道可以為台灣多做一點事。

希拉蕊接下蔡英文的祝福。（李應元臉書／提供）

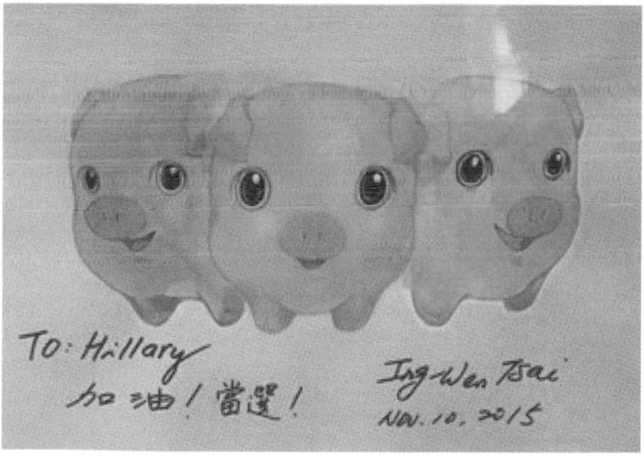
TO: Hillary
加油！當選！
Ing-Wen Tsai
Nov. 10, 2015
蔡英文曾贈三隻小豬圖畫祝希拉蕊當選。（李應元臉書／提供）

二〇一九年：總統競選連任前，代為赴美巡迴演講，凝聚僑胞信心

二〇一九年七月，民進黨總統黨內初選落定，黨內團結一致支持蔡英文總統競選連任。李應元接受海外小英後援會邀請，赴美巡迴演講。在大洛杉磯台灣會館舉行講座，他特別以「台灣再度面臨歷史時刻」為題，分析國際環境與台灣選戰局勢，呼籲鄉親們放下民進黨初選的紛歧，團結守護台灣。即使有些綠營支持者在場提出各種問題爭辯，李應元都一一耐心回答，並重申一定要對小英有信心，對台灣有信心，團結守護台灣。

二〇二〇年蔡總統以破八百萬票成功連任。她也隨即邀請李應元再歸隊，以借重他在僑務與外交事務上的長才。李應元被委以外交職務，外派前往新南向政策重點國家，同時也是台僑人數眾多的泰國。

Part 3

人生最後一役：出使泰國

主要執筆者／照片提供：林啟驊

二〇二〇年，蔡英文順利連任總統後，任命李應元擔任台灣駐泰國特命全權大使。過去曾擔任駐美副代表的他，如今再度肩負起國家外交重任。

對於新職，李應元自有一套他對國家外交佈局的戰略思考。

他早在一九九八年擔任立委時，便曾於外交委員會中提出「雙螯外交」的主張。他將台灣外交主軸比喻成螃蟹的雙螯：

——「東螯」是以美日安保條約為主軸；台、美、日三方經由各種情報與資訊的交換、或是緊急援救的合作，來提升實質關係；

——「西螯」則是發展與中國接鄰國家的關係，如蒙古、中南半島、及東南亞等國等；尤其對東南亞地區，政府應利用經貿、文化交流與援助等，厚植雙方的友善關係。

他說：「無論是基於地緣政治，或是南海重要位置或東南亞國協關係，以及我國推動的新南向政策、雙方的經貿往來，台灣都應該重視與泰國更緊密的往來。此外，台灣與泰國都是良善的社會，應該聯繫起來，成為良好的夥伴關係。」

如今看來，他當年為台灣設想的外交謀略，雖然已歷時空變遷，卻更顯遠見宏觀。他來到泰國，也確確實實依照此一戰略思維，逐步推動蔡總統的「新南向政策」。駐泰期間，他也不只一次提醒駐泰處同仁，作為國家外交人員，眼光不能只要看泰國與東南亞，也要同時注意整體亞太的變局。

李大使在某次與僑界餐敘時透露，他在接受派任前，蔡總統曾諮詢他意願，也給了他幾個不同地區的選擇。他毫不猶豫地選了出使泰國。當場有人好奇問他，為何是泰國？他笑著說：「因為這裡台商多，我可以有很多工作去推動。如果選了歐洲，就等於是退休了。」

這就是他的風格，不斷在思考自己還能為台灣、為國家做什麼，而不是自己的權位名祿或好處。

第一章

到任的挑戰：團結僑心

李大使曾負笈留美，在海外參與台灣獨立建國運動，甚至擔任台獨聯盟副主席，在戒嚴時期被列為黑名單，有家歸不得（詳見本書第一部）。如此「根正苗『綠』」的鮮明立場，當他派任泰國的消息傳出時，一度引發旅泰華僑界議論。

由於泰華僑界歷史悠久，百年來在不同歷史階段，僑胞分別從中國、從台灣移居到泰國，各成系統也各有政治偏好。有些旅居泰國已久的僑胞甚至擔心，李大使的政治立場是否會影響他在泰國的僑務推動？

第一站：前進泰北，關心華校

二〇二〇年五月，李大使即接獲蔡總統的派令，但由於年初爆發新冠病毒（COVID-19）疫情，國際交通嚴重受阻，因此，他遲至八月才正式抵達泰國上任。

泰國華人歷史

泰國華人人數眾多，約佔總人口的十四%。

回顧華人在泰國的發展歷史，最早可以追溯至素可泰王朝時期（Sukhothai，一二三八至一四三八年）。其後歷經數百年的演變，特別是近兩百年中國戰亂與紛擾，相對平靜的泰國也就成為華南人民逃離戰亂的天堂之地。一八六八年拉瑪五世朱拉隆功（一八六八至一九一〇年）即位，延續過往寬容的政策，逐步引導華人效忠泰國。

如今華裔泰國人勢力遍及泰國社會各個層面，居商貿和經濟領域主導地位：如目前泰國首富正大集團董事長謝國民便來自潮州；政治方面，許多曾任泰國總理也有華裔背景，如前總理塔辛．欽那瓦（Thaksin Chinnawat）與他的妹妹也是前總理英拉．欽那瓦，是來自廣東梅州（梅縣）客家人的第四代移民。

即使是外交使節，也必須在飯店隔離十五天，真正踏入駐泰代表處辦公室時，已經是九月初了。

雖然赴任花了一些時間，但出發前李大使已做足功課。他利用還在台灣期間，密集地拜訪了許多涉泰事務的人士，包含前任駐泰大使童振源（後來接任行政院僑委會委員長）、泰國駐台代表通才（Thongchai Chasawath）等人請益。

上任後接到的第一個任務，就是前往泰北地區，為旅泰台商所集資募捐設立的「春風化雨基金」，舉辦捐助泰北華語優良教師師資的儀式。

出發前，李大使邀請駐泰處僑務組高組長，針對泰北華校的各種問題進行簡報。因此，他對這些華校的普遍困境，特別是華校學歷不受泰方政府承認，以及教師薪資過低等情況，都有深刻的了解。

到泰北後，他受到許多泰北當地華人僑團，特別是華語文學校的師生夾道歡迎，眾人的熱情，讓他深受感動。在往後的任期中，他特別關注華校問題，也曾多次召集僑務組、教育組、政務組同仁，要求對上述問題研擬相關解決方案。

李大使出席台商《春風化雨基金》捐助泰北華語優良教師師資活動。（郭修敏／提供）

泰北的孤軍後裔與華語文學校

提到泰北華人，很多人都立刻聯想到作家柏楊小說與同名電影——《異域》。

那是一段真實慘烈的歷史。

國共內戰後，國民黨政府撤守台灣，卻有一支國軍部隊，沿著雲南、泰緬一帶逃亡至泰緬寮邊境。其中包括大約十萬的正規軍，加上軍眷或難民。一九五三年，緬甸與蘇聯向聯合國提出控訴，要求將這支軍隊驅趕離境。當時的國民黨政府在國際壓力下而與之切割，表面上撤回部份軍民返台灣，實則密令軍隊留在泰北，潛伏敵後以伺機反攻。孤軍其後確曾多次嘗試反攻雲南，但屢戰未果。

這批未撤退的孤軍部眾與家眷，被遺留在異地，散落為難民村，被稱為異域的「泰北孤軍」，也被稱為「亞細亞孤兒」。

一九七〇年，孤軍將領段希文、蔣少良、陳茂修、雷雨田等人，為了取得安身立命的機會，與泰國政府達成協議，成功剿肅泰國北境泰共苗共，受到已故泰國九世皇蒲美蓬（Bhumibol Adulyadej）承認泰北孤軍及其後裔的居住權，部分孤軍將士還被授予泰國公民身分。如此一待，就是六十餘年歲月。

時至今日，泰北地區仍有近百處華人村落，主要分佈在清邁與清萊兩府，也成立華語文的華語學校，從孤兒院、小學、國中甚至是高中都有。原本有超過一百三十所學校，每所學校的學生人數不等，少則三十人，多達三千人，但二〇二〇年以來，因為疫情緣故，政府下令學校停課，學生在家遠距上學，部分學校因發不出教師薪資而被迫關閉，目前剩約九十所。多年來，不畏中國的威脅利誘，堅持教導孩子學習「正（繁）體字」。

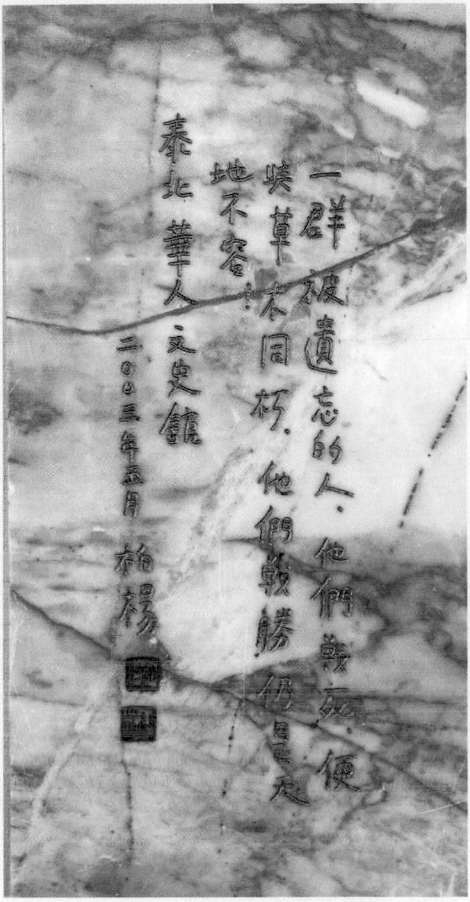

作家柏楊親筆書寫文字「一群被遺忘的人，他們戰死，便與草木同朽；他們戰勝，仍是天地不容！」存放於泰北義民文史館，銘刻這段歷史。

國慶日：面對困境及挑戰，與世界攜手共進

接踵而來的十月，就是駐泰代表處的年度盛會——國慶日。因為這是他剛到任的第一場大型活動，僑胞們都引頸期盼希望一睹新大使風采，因此駐泰處也有同仁建議應該盛大舉辦。

但李大使考量，曼谷 COVID-19 疫情雖緩和但仍不宜大張旗鼓地舉辦大型聚會，因此，他不循往例在曼谷的酒店舉辦大型國慶酒會活動，而是在新成立的代表處館舍，舉行雙十國慶茶會，邀請泰國政要、泰國媒體高層、以及我國僑、商、社團領袖等約一百五十人，齊聚同賀中華民國國慶。

國慶茶會分別以「防疫作戰，國際合作」；「民主典範，全球支持」；及「台灣團隊，齊心前進」等三大主軸，呈現台灣努力的豐碩成果，展現台灣在面對困境及挑戰下，仍發揮勇氣與實力，協助他國並與世界攜手共進。

李大使表示，台泰防疫政策都很傑出，兩國人民生命及財產損失因此降至最低，在此時期被總統蔡英文派任駐泰國代表，他深感意義非凡且責任重大。

他特別強調台灣的國際貢獻：有超過五千一百萬片台灣製造（MIT）的口罩送給全球八十多國，其中捐贈泰國一百二十萬片。他並讚許感謝在泰僑商的愛心，至今已捐贈價值超過八百萬泰銖的防疫用品給泰國各界，得到泰國各界讚揚，落實 Taiwan Can Help, Taiwan is helping 的理念。

2020 年 10 月 10 日駐泰國代表處在代表處館舍舉行雙十國慶茶會，李大使致詞。（中央社／提供）

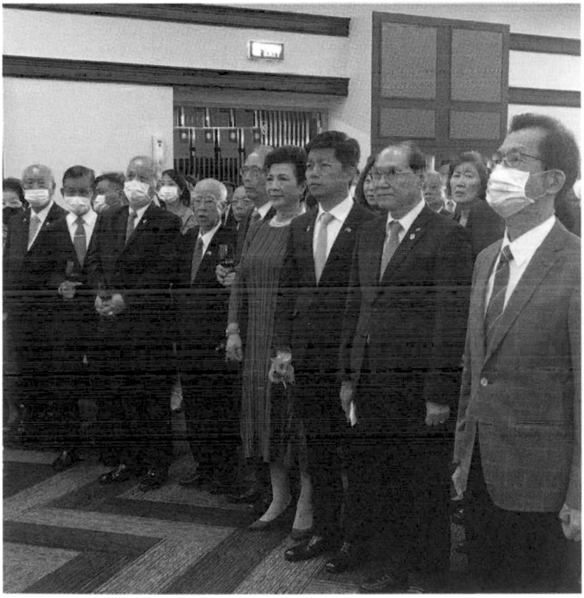

雙十國慶茶會約 150 位泰國各界人士齊聚一堂。（中央社／提供）

從孫文到蘇東坡、劉曉波，古今多少政治犯

十一月，李應元大使受邀出席泰國中華會館舉辦「紀念國父孫中山先生誕辰活動」。這場往例行禮如儀的活動，意外爆滿，僑界紛紛好奇，這位主張「台獨」的大使會怎麼來談「國父」？

李大使在演講時娓娓道來中華會館與孫文的淵源，以及當年華僑對革命事業的貢獻。他高度肯定，也感謝僑界對孫中山先生的懷念與支持。

他以歷史的視野表示，同樣身為民主運動者，也曾是威權政體下的政治犯，個中冷暖與艱辛，他更深刻體會。

當他得知，現場有來自海南島等各地同鄉後，話鋒一轉提及蘇東坡。

李大使說，蘇東坡以一首詞句「但願人長久，千里共嬋娟」成為家喻戶曉、傳頌千古的文人，但他其實不見容於當朝，被流放到國境之南——海南島（舊稱「儋州」）。當時皇帝雖不喜其言論，但也寬容其「妄議」時政、抒發己見的言論，而未將之置於死地。

他妙語如珠地說：「同樣是政治犯，千年之後，中國還出現了另一『波』，那就是劉曉波。」劉曉波是近代中國重要的民主倡議者，也是《零八憲章》起草者之一，名聞天下，卻也因此四度身陷囹圄。二〇一〇年，他獲頒諾貝爾和平獎至高榮譽，惟身在獄中，無法親自領獎。二〇一七年病死獄中，北京當局恐設墓掀起民間悼念人潮，隔二日凌晨將其遺體匆匆火化，強令海葬。

台灣已漸邁向大同世界

談到「大同世界」，李大使接著說，孫文理想在今日台灣都已真正實現了。台灣的民主選舉及社會開放，全球有目共睹；我們的健保及長照體系讓每個台灣人不分貧富貴賤都獲得良好的照顧。僑胞在海外的付出與奉獻，也是秉持濟弱扶傾、博愛等普世價值。

從孫文作為政治犯的流亡飄蕩、到蘇東坡與劉曉波，再談到近代中國與民主台灣。李大使一席精彩的演說，讓整個中華會館的氣氛沸騰起來。

使命感：團結泰國的老僑與新僑

回到駐泰處之後，李大使特別召集幕僚，請他們將在中華會館的演講文，仔細整理出來。他又增加了一些修改意見之後，選在國父誕辰紀念日當天（十一月十二日），放上駐泰處的網站與他個人臉書。

筆者把他的發言內容撰寫文稿交給他時，謹慎地問了他一句：「大使，這樣妥當嗎？」他哈哈一笑，看著我回答：

「我一些台獨的老戰友一定會打電話來罵我，但這都也沒關係，重要的是團結大家。泰國僑界存在老僑與新僑的問題已久，我們需要的，就是團結。」

李大使出席紀念國父孫中山先生誕辰活動

泰國中華會館的歷史

孫文曾在一九〇七年前後，委託華僑蕭佛成先生成立「暹羅中華會所」（亦即「中華會館」前身，「暹羅」則為泰國的舊稱）。

翌年，孫文來到泰國，並在曼谷華埠的耀華力路附近演講，號召在泰華僑支持革命事業，這條街現在被稱為「演講街」（Thanon Mangkorn），以紀念當年這段歷史。時至今日，這些往事仍讓百年後在泰國落地生根的華人（裔）第三、四代，緬懷不已，至今仍年年舉辦活動，也以中／泰文雙語出書紀念。

今日泰國中華會館，不僅具有悠久歷史與象徵意義；百年多來，在凝聚僑心、推動僑務等方面，也扮演了實質的重要地位。尤其，該會館設立的「中華語文中心」，致力推廣正體華語文教育，是泰國境內學習華語文最具口碑及辦學績優的僑校，貢獻卓著。

李大使在中華會館中山紀念堂與泰國各僑領合影。（郭修敏／提供）

第二章

使命必達：深入僑務，連結旅泰鄉親

李應元大使在介紹泰國時，曾經這麼說：

「泰國是機會之地。大概所有來到泰國經商投資的台商朋友都會這樣告訴你。但泰國也是微笑的國度，這裡的人民多數篤信佛教，樸實而友善，即使是擦肩而過的陌生人，泰國人也會自然地露出微笑。就是這份魅力，讓兩個同屬良善社會的台灣人與泰國人有了最自然的連結。」

近代台灣人來泰的高峰期

台灣人與泰國的關係，要回溯到一八八二年前後，當年的先賢來泰經商是以推廣台灣茶葉、回輸泰國土產為主，同時傳授泰人釀酒及捕魚技術。

近代台灣人來泰的時機則有兩個高峰期：

一是一九六〇年代，那時多數是以技術人員身分受聘來泰；

二是一九八〇年代，正值台灣企業轉型期，泰國政府推動獎勵投資政策，吸引大批台灣勞力密集企業轉移到泰國。在已故李前總統登輝先生推動「南向政策」的號召下，大批台商將企業與工廠轉移到泰國。

一九九二年，泰國台灣商會聯合總會成立於曼谷，成為旅泰台商社團的重要代表與旅程碑。近十餘年又有科技工業來泰國投資。

到目前，旅居的台灣鄉親人數約有十五萬人，累積投資金額達一百三十億美元，為泰國注入一股新生的力量。台灣鄉親從傳統的「刻苦、耐勞」，已經延伸到現代的「合作、創新」，建立了「新台灣精神」。

台灣人在泰國的家：泰國台灣會館

說起團結，在泰台灣鄉親最重要、最具歷史意義的團體，「泰國台灣會館」當為首屈一指。

李大使相當推崇「泰國台灣會館」的貢獻，這裏不僅是台灣人在泰國的另一個家，更是台灣人熱情貢獻、義行義舉的展現。

舉凡各種的貧困救助、教育贊助、天災捐助、慈善工作等，都成為台灣會館及鄉親們的例行工作，受到泰國各界的肯定。此外，台灣的「志工」精神也在泰國發揚光大。例如，熱心助人的何素珍（僑界暱稱何姐）也大力促成一支協助觀光警察局的龐大志工隊伍，定期在國際機場及觀光景點，協助語言不通的旅客，解決各項疑難問題。

泰國台灣商會聯合總會：團結．行善

一九八〇年起，為響應已故李前總統登輝先生的南向政策，台商來泰投資日益增多，當時台商雖已成立區域性的台商聯誼會，但缺乏一個正式的法人組織。

時任泰國台灣會館工商部負責人余聲清先生，認為需成立泰國台灣商會，團結台商的力量，保障台商的合法權益，並發揮守望相助的精神，特此登高一呼。經過一番波折，「泰國台灣商會聯合總會」（Thai-Taiwan Business Association, TTBA）終於

泰國台灣會館小史

一九三五年，台人來泰人數日益增加，為聯繫鄉誼、團結力量，當時便成立了「台灣公會」，這便是台灣會館的前身。一九四六年改名為「台灣同鄉會」，由紀澤來出任首屆主席，並在第二年，也就是一九四七年正式定名為「泰國台灣會館」，一直沿用迄今。

台灣鄉親們不僅出錢出力，又有林炳煌、林施紅霞伉儷慷慨捐地，如今已建築成為一座富麗堂皇的台灣會館。

泰國台灣會館，外觀富麗堂皇，大氣磅礴。（泰國台灣會館 FB ／提供）

在一九九二年十月二十日成立。

一直以來，總商會在歷屆總會長的領導之下，對旅泰台灣朋友的協助，可謂不餘遺力，只要涉及旅泰台灣鄉親，事無大小，均能全力以赴。如今，泰國台商總會已成為旅泰台商的重要堡壘。對於協調、溝通泰方政府人士、保障台商權益、促進台泰商業交流、維繫兩國邦誼有著重大的功勞與影響。

其中關鍵人物，就是讓李應元大使也親切地喊一聲「阿敏姐」的現任台商總商會總會長——郭修敏。

她於二〇一九年接任以來，遽逢國際上爆發新冠病毒（COVID-19）。市場上防疫物資十分匱乏，連口罩都一罩難求，加上疫情前景未明，泰國各界人心惶惶。在當時駐泰處童振源大使（現為我國僑委會委員長）、台商總會長與各僑團僑領的攜手合作下，成立了「疫情聯合應變小組」，馬不停蹄地協助台僑各種防疫事項。在幫助台商守住事業、守住家園之餘。總商會更號召大家共同來幫助泰國當地弱勢團體、醫療人員、海關人員等等，也為泰國防疫盡一分的心力。

李大使後來因病辭職、離開泰國時，特別向總商會道謝。在此疫情期間，總商會將

總商會理監事會重要成員、僑領，近百人共聚一堂。第一排由左至右依序為，張冠昌名譽總會長、李明福顧問團主席、呂憲治永遠名譽總會長、余聲清創會總會長、郭修敏總會長，陳漢川監事長、僑務組高家富組長以及財務長宋秀華。（郭修敏／提供）

台商總會與泰方 Vimut 醫院簽約，為台商爭取施打疫苗。

應元拜訪郭修敏會長

一直感佩泰國#台商總會會長#郭修敏南奔北跑，服務台商及新舊僑胞，及協助台泰經濟與社會的交流聯結，很多次都與起要去拜訪她的公司廠房。

相約不如偶遇、擇期不如撞期！

起與去探訪泰豐有限公司，就是這樣湊巧，當日適逢她的生日，阿敏總會長Amin Kuo辛苦創業，初期以廠為家，但產品水管閥因為品質可靠，經營管理得當，很快成為第一品牌，市佔率至今仍領先同業！也因此，十幾年前就當選創業楷模、並先後獲頒華冠獎及各種獎項（辦公室櫥櫃滿滿）！

郭總會長看似身材單薄，卻有著無窮大的服務熱忱與決心。更可貴的，對弱勢家庭及社會的奉獻，對各地小孩獎學金的贊助，對各種社團的承擔，都是數十年如一日，已經不只是千萬金錢所能讚譽！

她有句名言：「不用想做好事有什麼回報？就是一直做就對了。」

今年僑委會決定頒授玉山獎章給郭總會長，在泰國的僑界都覺得與有榮焉！

（摘自「李應元」臉書）

協調及聯繫的功能，發揮至極致。從日常疫情資訊的傳遞、為鄉親奔走籌措醫療設備與防疫物資、緊急向醫院預訂採購疫苗、以及愛心捐助快篩劑等等，鄉親們都有目共睹，也都感念、感佩在心。

暹羅代天宮：精神信仰中心

台灣鄉親在泰國的三大支柱之一，除了台灣會館、泰國台商總會之外，當數泰國（暹邏）代天宮。

暹羅代天宮位於泰國的中部的北欖府之直轄縣的挽蒲邁區，建於一九九二年，供奉分靈自台南南鯤鯓代天府的五府千歲，是海外最大的台灣傳統道教廟宇。

代天宮的建成，可說是在泰國的台灣人一磚一瓦、聚沙成塔，從無到有地建造而成。今天如此輝煌的規模，可說是台灣人勤奮努力的象徵，也代表了虔誠的信仰。

二〇二一年元宵節（二月二十六日）適逢泰國的萬佛節，李應元大使特別受邀來到暹邏代天宮，參與元宵團拜活動。當天他代表蔡英文總統向大家道喜道謝，也跟大家報告家鄉情況：我們有把國家顧好，疫情期間，台灣生活一切如常，經濟成長也在世界名列前茅，這都是大家一起努力的成果！在這個良辰吉時、春暖花開的好日子，看到大家生活如意，就是最好的祝福。

看著每一張述說歷史的老照片，聽著黃正男、林炯烈等等名譽董事長、幹部們說著過去建廟的艱辛，以及鄉親們愛鄉愛土愛台灣的情感，深深覺到感動、感恩、感謝。

小故事：中國大使館要求降國旗才來參訪

暹羅代天宮總幹事黃正男說：「中國大使館過去也一直想跟廟方接觸，幾任大使都提出要到廟裡參訪。」

但因為要進入到代天宮之前，會經過台灣會館，台灣會館門口懸掛著中華民國的青天白日旗。中方透過人士來要求廟方協調台灣會館，必須降下國旗。

代天宮的理監事會認為，如果是文化參訪，我們可以歡迎。如果是要降國旗、搞統戰，那我們不接受。

由於廟方堅持不願讓步，因此，此事無疾而終。

李大使應邀參訪代天宮，在方建群董事長與董事會的歡迎下，與鄉親們於廟史紀念館前合影。

充滿鄉情的同鄉會

在泰國有很多不同類型的台僑聯誼會，也展現了不同的台灣風情。其中，泰國彰化同鄉會是第一個以縣市為單位的旅泰台商聯誼組織，很有代表意義。台灣有句諺語說：「一府（安平）二鹿（鹿港）三艋舺（萬華）」。其中，位於彰化的鹿港，是早期台灣國際貿易的重心港市。今天，彰化有許多優秀的貿易人才，活躍於國際舞台。

更重要的是，很多彰化鄉親們，在事業有成之餘，在泰國行善濟貧，同時也回饋台灣社會，用善心來連結台泰兩個社會，這都是很感人的故事。

如今泰國彰化同鄉會也是在泰台商聯誼會中，最具團結向心力的組織之一。每屆理事長交接儀式都辦的十分盛大熱鬧，不輸在台灣的各種選舉造勢場合。

番外篇：即使在泰國，台灣人仍是最美的風景

台灣最美的風景是人，即使到了泰國，台灣人依舊發光發熱。

某日泰國的台商群組突然傳來一個緊急信息：「自己人有難，有一個小男孩急需要血小板，拜託大家捲起衣袖，捐血一袋救人一命！」

原來，曼谷有對台商夫妻的三歲小兒子（本丸小弟弟）患有急性白血病，需要緊急輸血。台灣醫生也建議，最好儘速讓孩子回台接受進一步治療！但由於曼谷疫情嚴重，血庫供應不足。此外，也因為隔離政策，回台的班機安排不易，加上需要機上醫療照護，所費不貲，媽媽著急不已。

台商大胃林（林皇邑）先生得知後，一方面透過臉書等社群媒體發佈訊息。也透過駐泰代表處「旅外國人緊急服務窗口」、台商總會郭修敏總會長以及何素珍（何姐）女士尋求協助。

很快地，何姐透過多年累積的人脈關係，致電給泰國紅十字會的高層人士，獲允諾優先提供血液，解決家屬燃眉之急；阿敏姐在網上號召、更身先士卒捐血、捐款。

旅泰台商們紛紛發揮同胞愛，捐血絡繹不絕。兩天內，四方湧入的愛心爆表，也讓本丸的媽媽趕緊在網上呼籲：請大家不必再捐血捐錢了！關心電話多到讓醫院有點嚇到。

李大使第一瞬間得知此一消息，除緊急協調泰國駐台代表通才（Thongchai Chasawath），雙方同意以「破格」方式處理，給予各種簽證文件的快速協助與通關禮遇，在兼顧疫情管制、醫療需求以及經費負擔等多重考量，很快地替家屬解決航班機問題，讓孩子能儘速回台接受治療！

在多方努力下，本丸小弟弟由媽媽與專業醫療團隊的隨同照護，搭乘泰航班機安抵國門。這場緊急救援，不僅展現了旅泰僑界商界領袖們強大的公信力與號召力，更讓人看見旅泰台灣人的熱情、熱心與熱血。

泰國彰化同鄉會交接典禮，邀請李大使出席監交並致詞。

泰國僑團組織甚多，圖為李大使與世界華人工商婦女企管協會泰國分會成員，身穿泰國宋干節傳統服飾，共同合影。

第三章

在細節處做外交：鞏固台泰友誼

李應元大使常勉勵同仁：做外交工作要主動出擊、無中生有。平時要固定閱讀新聞，了解時事變化。有空時，要思考怎麼去利用議題、創造連結，增進雙邊的關係。

隨時隨地，利用各種機會場合做外交

《曼谷郵報》舉辦「三八婦女節」活動，特別評選全球二十四位傑出女性，獎勵她們對全球事務的貢獻。我國蔡英文總統與紐西蘭阿爾登（Jacinda Ardern）總理、泰國詩麗婉瓦利（Sirivannavari Nariratana）公主、緬甸翁山蘇姬資政等二十四位在全球各領域有傑出表現的女性同登《曼谷郵報》（Bangkok Post）頭版，標題盛讚蔡英文總統的領導讓台灣大放異彩，內容則對台灣的防疫措施多有讚許。稱讚在蔡總統領導下，執政團隊快速及有效地應變新型冠狀病毒肺炎（COVID-19），創下超過二百天沒有本土病例的紀錄。

後來在許多僑團來訪或會見國際友人的場合，李大使都不忘把這張報紙帶在身邊，不斷地向周遭朋友介紹這則新聞報導，也宣傳台灣的成績。

ISSUES?
HAVE A QUESTION?
CONTACT CUSTOMER SERVICE
0 2616 4444
Bangkok
Read more news at bangkokpost.com
THE NEWSPAPER YOU CAN TRU

WOMEN SHAPING TOMORROW

With the past year dominated by the global pandemic which has chal-

fashion, retail, arts and culture, finance and security, the digital realm, food, media, hospitality, real estate, science and sport.

They were chosen under the core criteria that they are helping shape our tomorrow, providing an inspiration, driving policy or social movements, and dedicating themselves to advancing knowledge. They also bring experience and passion to the task of improving

that become a source of inspiration to a great number of people. We also honour

曼谷郵報的頭版報導，刊出蔡英文總統照片。李大使特別請同仁廣為分享。

李大使很注意泰方媒體的動向，任何有利於提升台灣國家正面形象的當地報導，他都不放過。相對的，他借力使力，利用各種場合，加強媒體宣傳效果。因此，不管再怎麼忙碌，他每天早上第一個功課，就是花時間仔細閱讀《曼谷郵報》（Bangkok Post，泰國最主要英語報紙），每有涉及台灣議題或重要時事，他會在報上面做下註記，並且立即截圖與所有同仁分享。二〇二一年三月一大早，李大使很興奮地在個人臉書上分享：

三月一日相信在泰國的鄉親及僑胞看到今天的曼谷郵報都會同感驕傲！

郵報今天在頭版頭條及三版以顯著的版面報導了蔡英文總統領導台灣抗疫的傑出成就；她和紐西蘭總理及緬甸翁山蘇姬資政同被列為郵報年度傑出女性！

台灣的美好在世界各個角落都會被看見，好友，讓我們一同分享這份喜悅、幸福及光榮！

首次辦理台泰漫畫家線上線下交流

台灣軟實力享譽國際，泰國文創亦蓬勃發展，其中電影與漫畫產業更是反映社會現況的一大媒介。即使疫情下，兩地的實體互訪受到阻隔，但數位科技的進步仍可促進

ttcomics
Exchange
OPEN HOUSE
HARDCOVER
ART BOOK

ttcomics
Exchange

台泰漫畫交流展。

台泰文化的交流。

文化部駐泰文化組和駐泰處特別選在曼谷知名的 Open House 書店，辦理首次台泰漫畫交流活動（Taiwan-Thailand Comics Exchange），邀請泰國知名漫畫家穆寧（Munin Saiprasart）與阿特季諾（Art Jeeno）到場，與台灣金漫獎得主漫畫家阮光民和翁瑜鴻展開線上對談。

本次活動突破傳統框架，採跨境、跨文化、跨平台方式展開，邀請台灣與泰國漫畫家線上共同創作，以雙邊文化為題材，帶領所繪製的各自角色在家鄉展開探索之旅，創作出全新的跨文化漫畫作品。活動吸引許多漫畫家、漫畫迷到場，以及包含泰國漫畫協會主席 Niwat Tharaphan 與副主席 Sakda Saeeow、法國文化協會主任 Sylvain Bano、朱拉隆功大學訪問學者暨亞洲漫畫展顧問 Nicolas Verstappen、德國哥德學院代表、泰國出版協會代表等等眾多泰國當地及各國貴賓出席共襄盛舉。

李大使特別出席表達支持，並喜獲四位漫畫家特地為他繪製的漫畫肖像，留作紀念。

李大使高舉台泰四位漫畫家所繪肖像，詢問在場觀眾：「哪個最像我？」

一幅畫，開啟與歐盟駐泰單位的連結

李大使常對駐泰處同仁說：

「台灣外交不好做，要靠自己努力走出去交朋友，先跟國際友人交心，再慢慢延伸至兩國、兩地的文化、民主、農業、防疫……等面向的合作」。

隨時隨地，利用各種機會場合做外交，就是他的一大特色。

有一次，李大使受邀到曼谷河城（River City）購物中心，參與由台商婦女朋友組成的「畫麗欣」繪畫班師生聯展開幕式時，適巧得知歐盟駐泰大使夫人 Olga Tapiola 女士也在附近展出六年來首度畫展。於是他隨即決定，在剪綵後轉往她的畫展參觀，

李大使在他的臉書上分享

濃烈的色彩，大膽的印象派畫風，讓我駐足欣賞；和畫家歐盟駐泰國大使夫人 Olga Tapiola 分享想法，像冬天的森林大火，在遠處熊熊燃燒，提

醒人類氣候變遷。她的印象派作品欣賞者各有角度，創作時她強烈感受的是北歐嚴冬的初陽，噴灑出大片金黃，讓內心覺知到日出帶來的美好，酷寒終將過去，大地必火紅回春。

「Dancing through the difficulties, Dancing towards the unknown」是畫家此次展出的主題，看來滿契合台灣的風帆！

（摘自「李應元」臉書）

並與歐盟駐泰大使夫人展開一場藝術交流。他買下這幅畫作，懸在官邸內，成為台灣與歐盟友誼的一個美好見證。這段巧遇，也開啟了他後來與歐洲各國駐泰使節的許多交流中的談話素材。

歲末舉辦台灣電影節，邀請泰國與各國駐泰使節

二〇二一年歲末年終，為感謝泰國各界人士對台灣駐泰代表處的協助，同時也傳達來年繼續加強台泰交流的決心，李大使特別請文化組同仁於十二月下旬舉辦「台灣電影欣賞會」，邀請泰方人士前來一同欣賞名導演楊德昌（Edward Yang）的經典鉅作，也是全球百大偉大電影名列第八名的《一一》（英文名片：A one and a two）。

當日出席狀況踴躍，包括泰國產官學界、駐泰外交使節以及泰國媒體高層、文化界人士等。開場前的小型茶會備有珍珠奶茶、小籠包、鳳梨酥等台灣特色小吃，李大使熱情為賓客介紹台灣電影、美食，與泰方友人、國際使節互動熱絡。

與會賓客均讚許，無論是台灣電影、美食等文化軟實力，抑或防疫成效，主人的用心，均令人印象深刻。

▲▲李大使與夫人、徐蔚民公使（左一）與泰方人士合影。

▲李大使出席駐泰處文化處所辦理紀錄片交流活動，與在座的泰國紀錄片導演暢談。

親筆賀年卡，傳遞台灣的心意。

分享減塑經驗：對泰國社會的回饋

曾任環保署署長的李大使，對環保議題有獨特的敏感性。即時出使泰國，他仍希望透過議題連結，推動台泰在環保政策方面的經驗交流。

他很快注意到，泰國人民普遍習慣使用一次性塑膠袋。事實上，根據泰國匯商銀行（Siam Commercial Bank, SCB）經濟與商業研究中心（二〇〇八年）研究，泰國是全世界第六大海洋塑膠垃圾製造國，僅次於中國、印尼、菲律賓、越南和斯里蘭卡。以曼谷市為例，曼谷市民約為一千多萬人，市政府每天處理八千萬個塑膠袋，平均每人每天使用多達八個塑膠袋。

李大使認為「減塑」不僅是一個至關重要的環保議題，其實也是台灣產業的大商機，應該號召泰國政府、產學各界以及台商共同參與。因此，特別藉「世界地球日」（四月二十二日）在臉書貼文表示，蔡英文總統當天在總統府內接見環保團體，討論國人所重視的環保與能源政策；而美國總統 Joe Biden 也邀集全球四十位領導者，以線上方式舉辦環境高峰會。即便中美關係處於緊張之中，雙方基於「環境攸關人類的共同命運」，必須攜手合作。這也象徵國際社會再度團結在巴黎氣候協議下，以集體

李大使請國內寄來《翻轉海洋廢棄物的資源循環模式》一書，藉世界地球日契機，贈送給泰國政界、學術界、媒體先進等關心此議題的朋友。

行動去面對此一難題。

他請同仁從「循環台灣基金會」Circular Taiwan Network，訂購《翻轉海洋廢棄物的資源循環模式》一書，藉世界地球日契機，贈送給泰國政界、學術界、媒體先進等關心此議題的朋友。

這本書深入淺出介紹循環經濟的思維，並以台灣經驗來說明公私部門如何進行合作，逐步訂立「海廢治理」的策略與行動，以推動實現「海洋零廢棄」的願景。

李大使說，他希望提供本身在環保署長任內推動「減塑」政策的經驗，給泰國各界參考。減塑需要社會全體共同配合，絕非一蹴可幾，泰國政府及民眾今日的行動肯定能為明天帶來改變！

空污問題，考驗各國政府魄力

空污問題是國際性的重大議題，曼谷作為泰國最重要都市，尤其受到重視。曼谷曾在二〇二〇年一月二十二日因為空氣品質指標ＡＱＩ值高達一六三，高過被視為不健康的一五〇，促使當局下令近四百五十所學校關閉一天。

身處其中，李大使特別對曼谷城市的空污情況有所感觸。他也在其臉書貼文：

「今年由於冠狀病毒經濟活動稍緩，污染來得慢一點也輕微一些。但當霧霾本週蓋住整個城市，連總理都出面表示要採取強硬措施好好治理！他指示副總理要求工業、交通、農業、環境保護與資源部、內政部、公共衛生部、及曼谷市政府等等眾多政府部門要嚴格執法。

陽光空氣已不再取之不盡、用之不竭，當PM2.5讓人透不過氣，看整個地球冬天污染的情況，人類不只須要仰賴科技、更須要領導者的魄力！」

第四章

連結台泰，促進產業交流

李大使非常清楚，泰國是台灣發展新南向政策的重點之一。因此在出使泰國期間，他深入了解、研究其產業發展布局，包括：

泰國政府正積極推動「工業四·〇」、「東部經濟走廊」以及「生物經濟、循環經濟及綠色經濟（Bio, Circular and Green, BCG）」等經濟發展計畫，其中，無論是智慧城市、農業、物流、運輸，甚至是電動車的發展，都顯現無窮的商機與發展潛力。因此，李大使把工作重心放在布建兩國重點發展產業平台，強化經濟面的交流。

ＥＥＣ是南向「心臟中的心臟」

「東部經濟走廊」（Eastern Economic Corridor, EEC）可說是泰國最優先的國家級重點發展政策，計畫辦公室可直接對總理報告，亦能對重點投資給予優惠。泰國位處東協國家的心臟地帶，整個ＥＥＣ計畫區更是座落在泰國的中樞地區，可以說是南向「心臟中的心臟」，未來配合機場、深水港、高速鐵路網的搭建與設置，區域內所有物流都可通過ＥＥＣ對外通聯，潛力無窮。

因此，李應元大使特別要求駐泰處經濟組同仁與泰方取得聯繫，並與同仁一同拜訪「東部經濟走廊」計畫辦公室秘書長 Kanit 博士，在聽取簡報後特別說明：目前已有數量龐大的台商在泰投資多年，並已成長為泰國的標竿企業。不只提供泰國就業機會，更推動人性化管理，包括孕婦專用的生產線等，為企業發展帶來正向影響。

李大使當面向秘書長 Kanit 博士表達，台灣和印度、越南已分別簽署了新版「雙邊投資協定」（Bilateral Investment Agreement, BIA），主要內容是提供對台灣的投資方更完整的保護，以廣為吸引台商投資，並確保雙方投資權益，建議台泰兩國也應該早日進行ＢＩＡ諮商，相信ＥＥＣ必能招來更多台商投資泰國。

此外並討論到，台泰兩方短期內可從攜手開發台北智慧城開始，建立台商在泰國的重要示範區，並以此做為繼續進入東南亞市場的新據點，創造出聚落效應。讓台廠可以打團體戰。

台北智慧城：台泰攜手 啟動海外首座產業聚落

台泰雙邊經濟合作，其中一個重要項目即是「台北智慧城」。

台北智慧城是泰國知名商業鉅子——邱威功（Vikrom Kromadit）的安美德集團（AMATA Corporation）的重要開發案。位於曼谷南方春武里府廣達三千公頃的安美德春武里工業園區北側，扼曼谷至「東部經濟走廊」之入口，享有泰國政府祭出的重金厚利投資誘因，也適合做為新南向整合輸出的基地。

本案歷經前駐泰童振源大使、李應元大使的共同促成下，目前泰國安美德集團（AMATA Corporation）與台灣中興工程顧問公司已於二〇二一年年二月十九日舉辦簽約儀式，宣布合資成立「安興公司」共同開發。其中，邱威功與中興工程董事長陳伸賢更是五十年前的台大同班同學，也是好朋友。如今，台泰兩國能在這對昔日好友

李大使拜訪「東部經濟走廊」計畫辦公室秘書長 Kanit 博士。

泰國安美德集團（AMATA Corporation）與台灣中興工程顧問公司合資成立安興公司，共同開發台北智慧城。李應元大使（右一）、泰國安美德集團執行董事兼首席營銷官邱威汶（中間）與總裁邱威功（左一）共同出席。

邱威功：台大機械系畢業的泰國知名企業家

泰國家喻戶曉的知名工業區大亨——邱威功先生。原來與台灣有過一段深刻的淵源。

邱威功（Vikrom Kromadit）一九五三年生於泰國，一九七一年來台就讀大學，因與父親斷絕關係，靠獎學金繳交學費。

畢業後返泰決心創業，向親人借錢成立農業與礦產品進出口公司，歷經資金、客源與品管不足的挑戰，憑著中文流暢與不服輸的努力，終於一步步爭取到客戶信任，逐漸形成「安美德集團」，五十多歲便已泰國最大工業園區「霸主」，多次登上《富比世》泰國富豪榜前四十名。

他在北東協可說是知名度最高的企業家，工業區版圖，遍及泰國、緬甸和越南。政商關係也好，董事會裡全是卸任軍政巨頭、國際使節，一年營收超過十五億泰銖。在泰國政局跌宕之際，他的名字屢次被提起邀請進行組閣。

「原來是你！」李大使與邱威功未曾謀面，但卻互有耳聞。初次見面，當天兩人很有默契地相指大笑。（郭修敏／提供）

的合體下，攜手推動此一國際開發計畫方案，既是緣份，也是一大佳話。

此外，我資策會國際處亦積極將協助此一方案，期待讓台北智慧城成為我國智慧產業系統整合海外輸出的標竿。

李大使相信，台灣如能在泰國建立一個具永續性及完整配套，具有前瞻性之城市規劃，讓其他東南亞國家看到台灣在人工智慧（AI）、物聯網（IoT）以及大數據（Big Data）技術的能量，擴大合作機會，藉以開拓我國相關產業之商機。

將「台灣」做為品牌，行銷泰國

李應元大使總是鼓勵台商朋友將「台灣」作為品牌行銷重點，讓台灣成為在泰台商的最佳後盾。台灣良好的國際形象，如防疫成效及自由、多元、民主等進步社會特色，可以提升泰國民眾對於「台灣製造」的好感與信任。這是台商朋友們共同的重要資產，也可以成為台商在國際上開拓事業版圖的最佳宣傳夥伴。

舉例來說，台灣知名電商 PChome Thai，以泰國為首站邁出跨境第一步；初期業績並不理想，但持續研究發現，相較歐美商品的高單價或中國式削價競爭，台灣商品更有機會藉「質優不貴」形象，吸引泰國消費者。PChome決定以「#台灣」做為行銷品牌，更推出口號「台灣商品，品質好，價格動心」，並將行銷策略調整為「擁有最多台灣商品」的電商平台，逐步打開了泰國市場。

星宇航空泰國區總經理張為舜曾經為啟航活動前來駐泰處拜訪，李大使肯定星宇航空勇於任用年輕人擔任重要職務，足以看出這家公司的企圖與衝勁。儘管全球航空產業面臨寒冬，但台泰兩國防疫表現優異，期許星宇航空佈局曼谷，掌握好時機。

另外，中華電信也在二〇一四年來到泰國設立辦事處，二〇一七年升格為泰國分公司，營運總部設於曼谷市，服務區域包括泰國、緬甸、寮國、柬埔寨及其他週邊國家。

李大使說：「我們樂見更多台灣知名品牌與廠商，能夠積極佈局泰國，一方面為十五萬在泰台商提供最佳服務，另一方面帶動台灣產業政策發展，加深對東南亞市場的耕耘。」

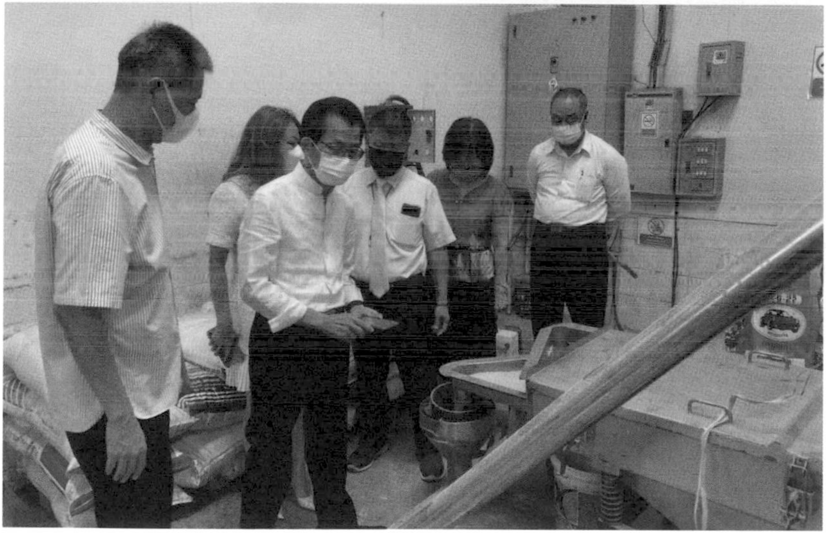

李大使經常利用時間，不畏舟車勞頓地實地走訪台商工廠，了解台商布局與發展。

交流不斷線，各種網路產業論壇

對於推動台泰商業交流，李大使也不遺餘力。他善於利用各種場合，向與會者介紹台泰雙邊貿易與投資情形、經濟與產業發展政策。

因為疫情緣故，許多台泰之間的經濟文化教育交流活動受阻，只能改為網路連線方式舉辦。李應元大使總是說：「此次疫情帶給全世界一次艱鉅的挑戰，但也讓人類了解，我們必須同舟共濟，沒有任何國家可以單獨置身事外，唯有攜手合作，方可共度難關。」

與泰國知名產業人士，雙方互訪建立友誼

泰國 CP 集團資深副總裁陳少澄（Dr. Ong-ard Dejitthirat）的盛情接待下，李應元大使品嚐了人生第一口的榴槤。

真是「百聞不如一嚐」，不愧是「水果之王」。

陳少澄先生是泰國 CP 集團（Charoen Pokphand Group）資深副總裁，

在泰國商界是傳奇性人物，他更是台灣的老朋友、好朋友，在台泰兩國官方交流中斷的時代，陳副總裁義務地扮演起串連兩地友誼的角色。

我與陳少澄副總裁雖是第二次碰面，但一見如故，相談甚歡。

好友、美食，雖有好酒，但我只能淺嚐。

人生快事莫過於此！

（摘錄自「李應元」臉書）

第一次品嚐泰國榴槤，露出滿意笑容。

與陳少澄先生合影。

第五章

魅力：不一樣的大使

「大使，你居然還記得我！還能叫出我的名字！！」

李應元大使這一點總是讓每個台商朋友們都驚訝，而且津津樂道。

他驚人的記憶力，幾乎已成為個人招牌。只要他見過一次面，就會第一時間想起你的名字、曾經見面的場合、當時你身上穿的衣服，甚至說過的話。

驚人的記憶

老闆認人的眼色太好，往往讓隨從幕僚備感壓力，根本無法跟上老闆的速度。還好，他可能已經習慣了幕僚無法趕上他，總是寬容地提醒同仁每個細節；但有時也會取笑說：「怎麼是我在提醒你，不是你來提醒我？！」有這種天賦異稟的老闆，除了苦笑，只能自己下功夫，努力做好事前功課。

但私下時，他也不吝傳授秘訣。他說：「你要很快記住一個人，第一步就是要全神專注地去認識對方。然後說話時，你要對此人感到興趣：他穿什麼？做什麼？說什麼？最在意什麼？拿到對方名片時，要花點時間，認真細看，不要只是急忙交換名片、匆忙收起來，匆忙握手。」他很謙虛地說：「這一點，我太太常常提醒，我做得不夠。」

永遠保持對別人的關注與尊重，就是他成功的秘訣！

難忘的談話幽默，笑聲爽朗

另一個讓台商朋友驚嘆的，大概是李大使獨特的幽默談話。有他出席的每個場合，總能遠遠就聽到他爽朗的談笑聲。

有次泰國台商青商會（TTBAY）舉辦了一次青年創業座談會，邀請老中青三代的企業家來分享自己的創業故事。李應元大使也特地提早兩小時來到場聆聽。他在致詞時說：「看到現場那麼多台灣旅泰的商界成功人士，各行各業都有，證明一句話：『條條大路通羅馬』。年輕的朋友只要認真去投入自己的事業，遇到事業瓶頸，不用怕，可以找前輩解惑、請教，堅持認真地去做，然後保持快樂的心情，一定可以成功。」

這個活動目的就是經驗傳承，用栽培自己後代的心情，把經商秘訣傳授給年輕的創業者，提攜後進。李大使開玩笑說：「用生物學的角度是『基因改造』。但台語有句話更通俗有力，叫『歹竹出好筍』，意思都一樣，就是讓下一代比自己更好更強。」引發現場笑聲連連。

有台商在懷念李大使時說，他印象最深刻的是，在各個商會聯誼會舉辦的餐會，總是會看到李大使在講完話後，邀請在場駐泰處同仁們共同起立，向所有與會者、鄉親們致謝的畫面。

這個小小動作，讓台商們感到備受尊重，也充分感受到大使為民服務的態度，舉止間的親切真誠，令人深深烙印在心！

李大使出席泰國台商青商會（TTBAY）舉辦的青年創業座談會，他風趣的發言，引來現場笑聲連連。

「泰友緣」讀書會談老莊哲思，引發人潮爆滿

很多人都知道，李大使非常喜好閱讀，常常書卷不離手。

因此，他偶然聽聞曼谷有個由台灣鄉親組成的讀書會，名字很有趣味叫「泰友緣」，會長王碧蘭熱心公益，廣結人緣，讀書會已經維持十三年，未曾中斷。為此他讚嘆不已，在一次短暫受邀擔任嘉賓時，當場慨然承諾要來擔任一次讀書會主講，主題是「漫談莊子的逍遙自在」。

回到辦公室後，他立刻請人從台灣寄來《莊子》一書的中文本，然後認真在書頁上註記，整理出七、八頁的重點來；並多次找來秘書討論製作簡報檔，更特別的是，簡報還針對一些詰屈聱牙的字句旁加上注音符號。如此地體貼細微，真是最好的言教身教，讓人印象深刻。

三月十八日，活動當天，曼谷長榮酒店原本規劃給三十人座談的空間，引來爆滿人潮，大家都想來目睹一位大使如何談論莊子哲學？

子綦(ㄑㄧˊ)曰：「夫大塊噫(ㄧˉ)氣，其名為風。是唯無作，作則萬竅(ㄑㄧㄠˋ)怒呺(ㄏㄠˊ)。而獨不聞之翏翏(ㄌㄧㄡˋ)乎？山陵之畏佳(ㄘㄨㄟˉ)，大木百圍之竅穴，似鼻、似口、似耳、似枅(ㄐㄧ)、似圈、似臼(ㄐㄧㄡˋ)、似洼(ㄨㄚ)者、似污者；激者、謞(ㄏㄜˋ)者、叱(ㄔˋ)者、吸者、叫者、譹(ㄏㄠˊ)者、宎(ㄧㄠˇ)者、咬者，前者唱于而隨者唱喁(ㄩㄥˊ)。泠風則小和，飄風則大和，厲風濟則眾竅為虛。而獨不見之調調之刁刁乎？」

子游曰：「地籟則眾竅是已，人籟則比竹是已，敢問天籟。」

子綦曰：「夫天籟者，吹萬不同，而使其自已也，咸其自取，怒者其誰邪！」

《內篇·齊物論》

李大使特別在一些不易誦讀的字旁加上注意符號。

喜與「泰友緣」共讀梭羅《湖濱散記》

偶然知道，曼谷有個以台灣人為主的「泰友緣」讀書會，每月用一天的時間，聽一個講座、讀一本書、分享一些心靈感受，如此持之以恆、弦歌不輟地維持十三年。

近日受邀參與，對於喜歡閱讀的我，心中體會頗深。當日討論的書本是梭羅（Henry David Thoreau）的《湖濱散記》（Walden）。看到負責導讀的「同學」，用心地準備PPT，對梭羅簡樸又環保的人生哲學，以及為實踐信仰、落實不合作運動而坐牢，卻甘之如飴的風範，都說得非常清楚；而底下的「同學」則是認真聽講作筆記。彼此從不同的角度來分享對這本書的心得與看法。

政務繁忙之餘，能沉浸在書香與咖啡香之中，真是幸福快樂滿滿！雖然我每天都有閱讀的習慣，但偶爾能夠與同好共享這樣兼具知性與感性的心靈盛宴，也能感受到獨樂樂不如眾樂樂的一面。

（摘自「李應元」臉書）

生死何懼？珍惜當下

活動開始前，主辦單位引言人董彩虹還特別精心準備一部影片，呈現出李大使到任以來出席活動的照片，以及述說台商朋友們對他的好印象。這份突如其來的驚喜，讓李大使直呼好用心。

等到主角登場。只見他瀟灑上台，信手捻來《莊子》中幾段著名故事，如「北冥有魚」、「蜩與學鳩」、「無用之用」、「大塊噫氣」、「莊周夢蝶」、「庖丁解牛」等，侃侃而述，並穿插舉出自己的人生經歷去相互對應，三十分鐘時間毫無冷場，現場觀眾幾乎全神貫注聆聽。

他說，年輕時，他就特別喜歡莊子的思想。書中每個故事背後的意境都讓他為之神往。因此，老莊思想伴隨著他多年，年齡漸長，每階段感受心得各自不同。即便後來歷經了無數次政壇起落、人生波折跌宕轉合，但他的心境始終無罣無礙，像莊子一樣逍遙自在。

他在最後一段介紹時，特別引述《莊子》的生死觀：「吾以天地為棺槨，以日月為連璧，星辰為珠璣，萬物為齎送，吾葬具豈不備邪？何以加此？」

他說：「人最終難免都有一死，生死何足為懼？只有珍惜每刻當下，努力做對的事、好的事，讓有限生命活出無限希望。」

對照他數月之後離世，其後事以「植存」方式安排處理。這段談話分外令人感嘆、感佩。

促成留學生與台商相見歡，製造實習契機

除了台商台僑之外，李大使特別重視台灣旅泰的學子，這也正是新南向政策首要的雙向人才培育及交流的項目。

因此，在駐泰處教育組的安排下，邀請了留學泰國的台灣同學代表一同聚餐。出席的學生主要來自台灣留泰學生會（TSAT），這是一個成立於二〇一七年，目前是泰國首個也是東南亞地區唯一向教育部登錄的台灣學生會組織。同學們有些就讀學士或研究所，也有一邊教書一邊進修博士。聚餐時，大家一方面漫談在泰國校園生活的酸甜以及台泰的文化差異，也品嚐家鄉口味的台菜佳餚。沒想到，一道在台灣普通不過的豆花甜品，竟然也引發同學們的思鄉之情。

大使演講時，用手比擬大鵬展翅之姿，神態精彩，令人菀然。（泰友緣讀書會／提供）

李大使在演講後，與泰友緣讀書會所有成員合影。（泰友緣讀書會／提供）

有些同學在餐敘時，提及在泰國安排參與企業實習的困難。正巧得知當日台灣會館的先進也同在長榮酒店召開主席團會議。李大使隨即帶著同學們來拜會這些在泰國都已事業有成、落地生根的大哥大姐們。當場即刻促成了同學們與台商企業家的見面。

邀集學子圍爐過除夕，濃濃台灣情

農曆過年時，由於疫情阻斷異鄉遊子的歸鄉路，許多在泰國留學的台灣學生無法返國與家人團聚。李大使及夫人特別選在除夕夜，邀請留泰學子、台商朋友及代表處單身赴任的同仁，到官邸圍爐團圓、閒話家常，讓大家感受台灣的過節氣氛。

由於大使深知，同學們對於畢業後續留泰國工作及實習具有極大興趣。所以李大使同時邀請台商朋友與同仁，與同學們交流意見、分享經驗。餐後，李大使贈送同學一些勵志傳記書籍、防疫物資、春聯等春節禮品；大使夫人也發給同學小紅包，讓大家在身處異鄉的年節時分，感受到濃濃的台灣情。

除夕夜，李大使與夫人邀請大家到官邸圍爐。

與大使有約：泰國青商會的泰式早餐會

週日一早，泰國青商會的五位年輕朋友，帶了五樣道地、日常的泰式早餐，辦一場「與大使有約」。

台灣到處都有泰式料理，但是下列五道泰式早餐，您吃過哪一道？有泰式的肉粥、油條、豬血湯、豬肉絲糯米飯跟甜品——斑蘭葉麵包等，都是泰國人常吃的早點。

他們一一介紹每道菜的典故與趣事。

像是泰國油條（Patonggo；音近：八東果）其實是潮州話中的白糖粿。豬肉絲糯米飯也是傳統美食之一，讓大使驚呼：想念起台灣的肉粽（啊！燒肉粽！）

但大使最喜歡的是傳自潮洲口味的肉粥，清淡爽口又有濃濃的家鄉味。沒等她們一一介紹完，大使已經飢腸轆轆、食指大動、連吃三碗！！

為了這次錄影活動，她們很用心的籌備，從張羅食材、撰寫流程題綱、到現場的錄影器材，表現非常認真而且專業，令人感動。

所以當他們問起給年輕創業者的建議時，大使說：

商會的年輕朋友帶來的泰式日餐。

「從事任何行業都好，最重要的是，要找出自己的興趣，認真投入，不斷自我改善、突破，提升市場競爭力，然後持之以恆去做，自然就會成功。」

第六章

親和而愉快的領導風格

如果問駐泰處同仁們：李應元大使是一位怎樣的長官？大概都會得到一樣的答案：他是最好的長官！

效率創紀錄：二天內完成遣返重大經濟犯

李大使一上任即面對調查局重大經濟外逃——吸金一百三十六億元秦庠鈺遣返專案。

秦庠鈺因為持用偽造護照入境泰國遭捕，經法院判處有期徒刑兩年，關押在泰國

監獄，至二〇二〇年十一月間方可出獄。不料秦嫌竟因泰國十世皇生日獲特赦，提前於九月中旬出獄。經詢問泰國移民局官員表示，外國人關押出獄後，因為需向警察總署、外事局、法院等多個單位公文往來，最快需要十四天才能解除遣返人員的限制出入境。如此，這段空窗期，將使嫌犯有逍遙法外甚至有潛逃之虞。

所幸，在李大使的運籌帷幄下，最後有驚無險，短短兩天即完成遣返，創下海外遣返嫌疑犯效率最快的紀錄。

李大使為此特別組成專案小組，包括外交部、調查局、警政署、移民署等單位駐派人員，以協調各部會進行橫向分工：

——專案小組成員極力奔走及公文往來，得以解除交保，嫌犯返回監獄關押。

——當天晚間，駐泰代表處行政組支援車輛、人員、簽證組事先準備秦庠鈺相關入境文件證明；

——而中華航空公司泰國分公司，第一時間得知後，也旋即協助駐泰代表處相關的遣返事宜，因為疫情期間，台灣與泰國間的日常班機時程，充滿變數。

駐泰處調查局秘書陳慶星特別感念李大使的協助，讓他得以立奇功。他回憶起這段經歷：「如果不是李大使親自坐鎮指揮，恐怕很難在短短兩天內，將嫌犯遣返回台接受法律審判，更可能讓他繼續逍遙法外。」這個成果，堪稱調查局相關案例中的典範！

其實，還有很多案例，李應元大使一生不求自身功績，但卻常以其過人智慧、通達人生歷練，默默地「牽成」了許多年輕人，讓他們的職涯仕途上，得以順利發展，發光發熱。當事人無不感念在心。

駐泰處調查局秘書陳慶星（右一）感念李大使的牽成，協同兆豐國際商銀（曼谷）分行總經理（中間）以及筆者，一同前往北投中華佛教文化館向李大使的牌位致敬。

充滿尊重而愉快的辦公室日常

跟李大使共事的這段時光，實在是非常愉快的工作經驗。

他律己甚嚴，卻常以寬容待人。無論是駐外人員或者泰籍的在地雇員，他從不以長官自居的命令要求任何人必須配合，更未曾嚴辭厲色指責任何人的缺失。相反地，鼓勵、充分尊重每個人，是他的一大特色。

他閱歷豐富，但卻謙遜為懷，凡事借重專業與職責。察覺自己判斷有誤時，他會立即道歉說明，不會因為自己是長官而礙於面子不肯認服。

無論是公開場合或私下，他極少直呼部屬同仁的名諱，通常會多加一個「某某兄」或「某某組長」，讓人有備受尊重之感。

另外，「真好！」、「都很好，都感謝！」、「Good Job！」、「要跟你說多謝！」這都是他常掛在嘴邊的話語，彷佛駐泰處所有同仁都是他遇過最棒的工作夥伴。也就是這種非凡的親和力，讓他成為同仁心中極為愛戴的長官。

李應元大使曾自豪地說：「他到任的每個單位，不敢說都表現第一，但他一定

勤學不倦，還把握空檔學習泰文

李大使以好學聞名。舉凡科學、醫學、歷史、宗教、政治、文學、哲學等也多有涉獵，可謂博聞廣識。公餘之暇，總見他書卷不輟，無論野史小説、歷史掌故、科技新知，都勤於閱讀。

他的廣博知識與豁達的人生觀，經常在談話中顯露無遺。每次登台演講更是信手拈來，或嚴肅，或睿智，或輕鬆，或詼諧，無需假手助理代為擬稿。

駐泰期間，儘管他日常公務十分繁忙，仍堅持安排每週泰語課程，並隨時請教泰籍同仁當地的文史人情與地理。因此，每逢泰國重要節日，或與泰國重要人士會面之際，他也能秀上幾口泰文，讓對方為之驚豔。

大使為瞭解泰國防疫政策，請駐泰處的泰籍同仁透過泰國地圖，教他認識與讀出泰文地名。

會努力讓每個人都感覺做事很有成就感。」

駐處內有不少同仁都曾私下表示，李大使是他們追隨過最讓人心服口服的長官，大家心甘情願跟他一起來拚外交。

在塞車的曼谷，律己不遲到，心急不形於色

這種好脾氣，也在細節中顯露無遺。曼谷素以塞車聞名於世，即便疫情期間，車流量略有稍緩，但每逢下雨天或月底發薪日時，必定塞車，曼谷人早已習以為常。但李大使卻鮮少因塞車遲到。記憶中，有一次他因嚴重塞車而遲到了三十分鐘。對此他自責不已，此後，他嚴格自我要求，盡量提早出門，避免遲到而導致大家久候。

無奈，他的座車卻常因故拋錨，屢修屢壞，但受限於公務車有報銷年限規定，不能提前更換。搞到後來台商們都知道，大使偶有遲到情況，他們都猜：「啊，大使的車又壞了？」

遇有行程差誤，不論是車輛故障，或者對方提供資訊有誤，或是幕僚聯繫作業誤差，李大使未曾因此遷怒他人。每次遇有影響行程的情況，他必親自致電對方，仔細

李大使每隔一段時間，會走訪每個部門，親切向每個同仁打招呼、問候。

說明情況，讓幕僚儘速協調處理。縱使再心急，他幾乎不會外形於色，他總是告訴幕僚：「毋要緊，道道來（台語：慢慢來），甭著急」。

他一至活動會場，立即笑容滿面，彷彿所有過程的不愉快都未曾發生。

親切而有效率的領導風格

開會，是最容易看出長官領導風格的時刻。

身為大使，他每日行程的會議很多，從內部業務主管會議、行政會議，到各種拜會行程以及與鄉親們的大大小小僑務會議。

即使百忙中，他都會在正式會議前預先與主管部門、幕僚溝通，因此，對該次會議的重點及目標、困難，大致已瞭然。

會議中，他全神貫注，認真聆聽，也不時專注筆記。有時與鄉親們開會時，鄉親們因為難得見到他，特別熱情，話也特別長，但他從不直接打斷對方談話，而是透過順勢接話的方式，把話題又引導回來。

加上他特有的說話風格，不時穿插一些詼諧笑語與智慧，總能引發在場笑聲不斷。

應元大使如同樂團指揮，引導會議者和諧共鳴

有時，不同部門主管，或者鄉親之間，難免對事情處理有不同意見。他總能即時居中協調，讓雙方互相理解，然後截長補短，讓事情更好，事後，雙方也都感到心悅誠服。

看他做總結時，更是一大享受。

首先，他會一一整理回顧大家談話的重點，確保每個意見都確實掌握，讓每個人感到自己充分受到尊重。然後，他很快抓出重點，就各種可行性方案做出判斷，再授權幕僚去解決問題。如此一來，會議能兼顧效率與意見溝通，這讓所有與他一起開會的人，都感到愉悅、有收穫。不會有一種「官大學問大」、「浪費時間來聽長官訓話」的感覺。

身為一位大使，此刻，他更像是一個交響樂團的總指揮，讓原本不同譜調的樂器，在他手裡和諧共鳴，樂手各自賣力演出也陶醉其中，共同演奏出一首首動聽的曲樂。

嚴格律己並約束部屬，謹守公務員分際

筆者記得有一次參訪行程中，看見郭修敏總會長桌上有一本關於經營管理的書籍，想起李大使曾經提及這本書，於是隨手拿起來翻閱。李大使看見了當場不語，隔日，他私下叫我到辦公室說：「啟驊兄，我們領有國家俸祿，不可私下跟台商拿東西。」我滿懷疑惑時，他說：「你需要這本書的話，我可以送你，但你不能私下向台商要任何東西。」我才恍然大悟，連忙解釋只是借閱，已經歸還。他臉色稍緩地說：「台商朋友們都很好禮，有時都很客氣。但我們是國家公務人員，要有分際，不可以拿這些東西。」

他也確實地身體力行。交際時，泰方人士與台商朋友，常常餽贈一些禮品或食物。李大使常和顏推辭，若推辭不掉，他通常都會把食物分贈給駐泰處同事，而禮品多半提供年終抽獎，由同仁同歡分享。

參加台商舉辦的宴會，他也自有一套規範。如是我方駐泰處主辦的活動，負責組處的同仁可以盡量參加；但如果是台商主辦的活動，他規定我方盡量不超過三人，除非是大型的宴會，可由各組處主管自行決定是否參加。

「台商賺錢也不容易，多一個人就多雙筷，不要給人家帶來太多困擾。」他常以此告誡安排行程的同事。

泰明諦化工廠爆炸：大使與台僑分頭協助救災

二〇二一年七月五日凌晨時分，位於曼谷郊區的泰明諦化工廠意外發生爆炸，造成六十多人輕重傷、鄰近民居毀損、數千居民被迫疏散，還有一名十九歲的年輕消防員Korasit Roaphan不幸罹難。

由於此重大事件引發泰國政府與人民的關注，而且事涉台商工廠的工安問題，稍有不慎，恐危及泰國台商的整體形象，甚至社會不安。李大使當日一早即下令成立緊急應變小組，聯合台商總會與各僑社，共同研擬如何因應此事。另一方面，李大使也透過泰方人士，積極與泰國工業部、消防部門協調聯繫，協助救災工作。

旅泰台灣僑、商、社團立即迅速動員，台灣會館、泰國華僑協會以及台商總會緊急在六日上午發起募捐行動，七日晚間金額即超過四百一十萬泰銖。除先行提供逾半為慰問撫卹傷亡者以及購買急難物資之用，另外再購買N95口罩、醫療口罩以及飲用水，捐贈給七大民眾安置區使用。其餘捐助款，則添購消防器材以及救災物資，陸續捐出。

雖然過去台灣旅泰鄉親經常發起愛心活動，但卻是首遭如此迅速、踴躍奉獻。更由於李大使緊急應變處置得宜，加上對台商們熱情捐助的感動感佩，原本偏向對台灣的不利輿論，迅速地得以扭轉。

與泰籍同仁虔誠共度萬佛節

二〇二一年的元宵節也適逢泰國的萬佛節（Makha Bucha），與佛誕節、三寶佛節並稱泰國三大重要佛日。在這一天，泰國人會來到寺廟，以鮮花、素果，焚香祝禱、佈齋奉獻，祈求一年的平安順利。

晚上寺廟也會舉辦持燭繞巡儀式，以示對佛祖崇敬。這跟台灣過去農業社會時，大家拿著自製的燈籠，慶賀元宵佳節，也有幾分異曲同工之妙。因此，李大使特別邀集駐處所有同仁，提早一天，在駐處外的佛龕，以泰國傳統佛教儀式、以虔誠的心，重視尊崇萬佛節。除了希望新的一年，駐泰處同仁都能健康平安之外，也祈願遠方家鄉的鄉親，及這片美麗土地上的人民，一切安好。雖是一個小動作，但顯現出駐外人員對當地風俗的崇敬之意。也撫慰了泰籍雇員的心。

李大使率領駐處所有同仁，不分台籍與泰籍，依循泰國禮俗到駐處外佛龕焚香祝禱，祈求災情下的故鄉——台灣與泰國都平安順利。

第七章

病中仍帶領共抗疫情

二〇二〇年面對疫情剛起，台灣與泰國兩國因為防疫政策得宜，成為國際上防疫優等生。但隨著二〇二一年疫情增溫，首先是Alpha變種病毒開始肆虐，到了六月份則是更具有傳染性的Delta變種，而且症狀更不明顯、不會喪失嗅覺、甚至不會發燒，更難檢驗出來，各國相繼拉起疫情警報。

疫情再起，引發台商驚慌

泰國在四月宋干節前夕，爆發了第三波疫情。每日確診數徘徊在二千人上下，五月間爆發監獄群體感染，更讓數字一舉飆升五千人，累積確診人數近七萬，泰國緊急在

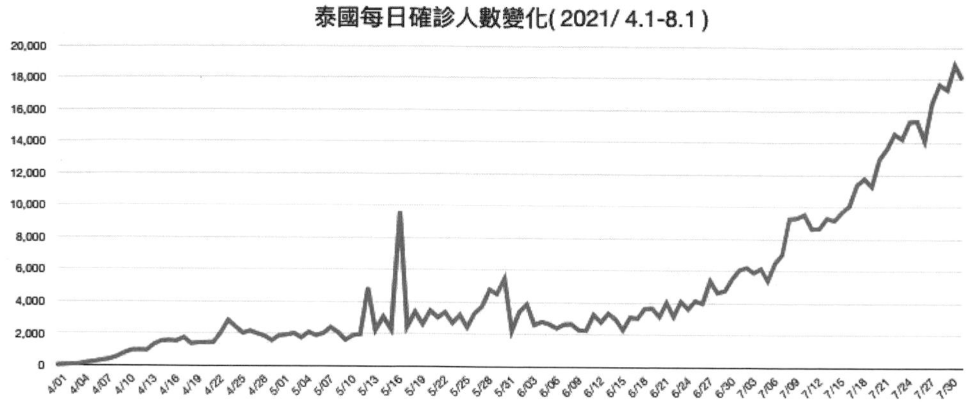

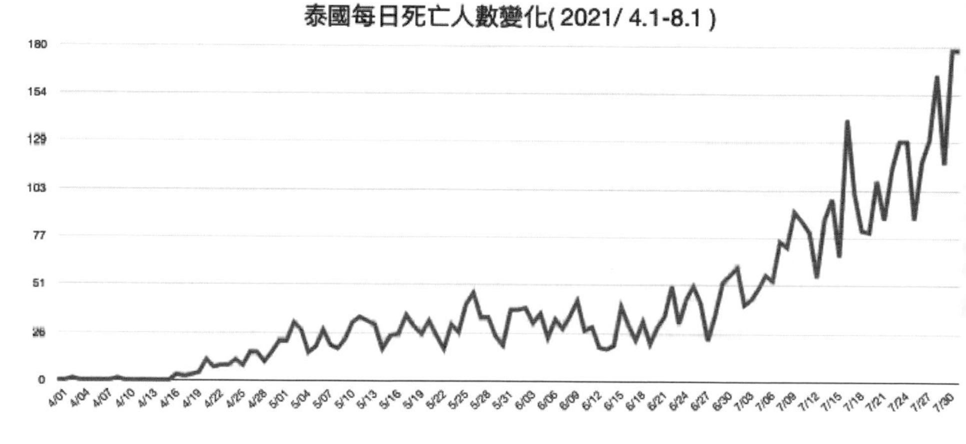

李大使特別囑咐秘書必須每日追蹤泰國確診人數的變化，以供其決策參考。由圖表可見，從四月至八月間，泰國確診人數與死亡人數急劇飆升，疫情緊繃可見一斑。（製表／林啟驊）

各地興建臨時收容醫院。單是曼谷地區的感染人數從每日數百，一舉超過千人。

泰國政府顯然有些措手不及。周遭不時傳來有醫院因病床不足而拒收確診病患，確診者一床難求的消息。尤其，也有旅泰台商驚聞確診，甚至不幸因而病逝，台商內部引發不小驚慌。

李大使除安撫大家情緒，呼籲大家務必做好基本防疫措施，並減少不必要的接觸！也讓代表處發布公告，順延所有餐敘、拜會及大型活動等，再視疫情發展進行調整。

駐泰處嚴格防疫，維持零確診

六月間，駐泰處三十多位駐派同仁中，超過半數所居住的大樓，同一大樓甚至是同一樓層都發生過住客確診，社區感染壓力極大。為預防、因應萬一辦公室有人感染，一方面從四月份實施分流上班、暫緩一些行程與活動；領務大廳也嚴格實施消毒、量測體溫與人流管制。遇到同大樓有住戶感染情況的同仁，請他們先自行在家隔離七天，回來之前也需要經過快篩檢測，證實是陰性後才恢復上班，以降低交叉感染機率。

慶幸的是，在曼谷最嚴重的時期，駐泰處的所有同仁們一切健康無恙。每一個同仁都戰戰兢兢地落實防疫，也在崗位上克盡職責，確保業務持續推動。

六月中旬以後，泰國政府正式宣布開始打疫苗，但此時國際疫苗奇缺無比。台灣也為疫苗緊張，唯恐訂購的疫苗被中途攔截，李大使接到國內疾管署要求，透過私下交

各國都應支持發展本土疫苗

面對史無前例的病毒大挑戰，每個國家都想盡辦法防治。

去年美國白宮早就和七家製藥公司合作，以所謂「曲速計畫」（Warp Speed）進行研發新冠肺炎疫苗，其中包含了快速但未經核准的基因技術。該「曲速」計畫，透過在研究、製造以及保證收購疫苗的協議，計畫投入一百億美元，將研發疫苗所需的時間從一年壓縮到數月之間。

從COVID病毒不斷變異來看，未來可能走向流感化，與人類長期共存。掌握自製疫苗的能力，才能在這場「適者生存」的競爭中，取得不敗之地。

美國廠商成功開發了目前市面上的多重疫苗，有為者應若是！

（摘自「李應元」臉書）

情，確認泰國 AZ 廠出的疫苗會如期送到台灣。

李大使除關注泰國疫苗訊息之外，也非常關心台灣本土疫苗的發展。二〇二一年七月泰國疫苗緊繃，總理巴育連續幾天都對疫情及疫苗問題發表重要政策，他特別提到「新加坡和台灣都認知到在應對疫情的時候，向國際公司採購疫苗是最大的挑戰，他們也跟我們（泰國）一樣，決定要自己製造疫苗。」他也說，「自己生產疫苗是長期來說最佳的解決方式，泰國在一年前就做出這個決定，這是一個正確的決定，我要感謝那些為了國家做出這個建議的專家。」

感謝台商仗義供應口罩

為了解台商在疫情下的發展，李大使特別前往 Phetchaburi 探視台商 Emerald Nonwovens 公司，這是一家台資醫療器材工廠。

在泰國疫情爆發初期，口罩匱乏的期間，總經理楊菁萍與副總王兆基伉儷優先供應所有旅泰台人的醫療口罩需求，對於穩定僑心、確保大家健康，有莫大助益，李大使特別前往探視並致上感謝。

李大使也透露一段不為人知的故事。

在二〇二〇年一月底，台灣政府警覺 Covid-19 恐帶來嚴重後果，率先全球宣布口罩禁止出口政策。與此同時，我國外交部也即刻訓令全球分館搜購醫療口罩寄回國內備用。駐泰處同仁收到命令後，連夜聯繫總經理，有效攔下原本供給國外廠商的訂單，趕在泰國政府宣布封關前的最後一刻，將十萬片口罩，送上兩架專機，安抵國門。在疫情一觸即發，防疫分秒必爭、每片口罩都彌足珍貴的時刻。感謝台商仗義，為我國政府守護國人健康爭取到最即時、寶貴的資源。

李大使（中間）於 2020 年 12 月 22 日前往訪視旅泰台商知名醫材大廠 Emerald Nonwovens International Co.,ltd。李大使特別感謝總經理楊菁萍（左一）與副總王兆基（左二）伉儷，在疫情期間優先提供口罩照顧台人。

第八章

辭職前夕

五月份，李應元大使曾因感染大腸桿菌，在醫院休養近三週。出院後他仍然事必躬親地參與開會，但僑務活動已減少至最低，特別是外出、赴宴行程，均改由駐處的徐蔚民公使以及各組組長代表他出席。

分流上班期間，李大使也因此有過半時間必須待在官邸內處理公務，但同仁們透過通訊軟體與他聯繫時，都會即刻收到回覆。這段期間，幾次見到他，身形顯然日見消瘦，步履不似以往穩健，舉手投足之間略顯遲緩。雖多次嘗試關心詢問，他總是回答：有跟醫院保持追蹤治療，請同仁們不必擔心。

選擇辭職，磊落的身段

直到八月一日週一，李大使一大早就到辦公室，在與各組組長簡短討論業務工作之後，隨即召喚我來到他的辦公室，先是詢問有關台商施打疫苗的情況。然後告知：他正規劃先行返國醫療，時間可能長達半年，要我留下來好好協助徐公使處理政務與僑務，不用太擔心。當下心中一凜，察覺大使身體情況恐有重大變化，但憂慮中也別無資訊。

詎料幾天後，八月四日午後，徐蔚民公使突然告知，大使已向蔡總統提出辭呈，只待批准，將先行辭職返國，進行醫療。

數日內變化之鉅，如同青天霹靂。筆者尚在驚愕之際，李大使已親自來電，告知他請辭的決定，要我即刻著手擬稿，向僑胞們辭行。他一段一段口述，我一筆一筆記下。他特別囑咐，要對中華會館、台灣會館與台商總會等，致上最大的感謝與歉意。

頃刻後，筆者將文稿寄傳給他，他僅簡略回覆：「很好，謝謝。等總統令發佈後，文可發。」

當天傍晚五點時分（台灣時間晚間六點）總統令正式發佈：「駐泰國大使李應元已准辭職，應予免職。此令自中華民國一一〇年九月一日生效。」隨即新聞也跟著見諸於網路。駐泰處各組同仁，依循大使指示，將辭職信在各群組與臉書上正式貼出。

果不其然，僑界一片驚嘆，大家都十分惋惜李大使才來短短不到一年，竟因病提前返國？！

一時之間，駐泰處頓時電話應接不暇，僑胞們紛紛傳訊、致電來確認此消息是否真實。大家都不敢置信，看似精力充沛、元氣飽滿的大使，居然要因病請辭！不捨之餘，也紛紛致上祝福，期望大使身體早日康復，早日再重逢。

後來，幾位僑領私下討論時，也盛讚李大使的決定。他大可選擇以請假方式歸國，先行住院養病，外界也會覺得無可厚非，但他最終選擇向總統辭職，用磊落廉潔的氣度，來為他生命中最後一任公職，劃下終止。他的人格操守，也獲得僑領們一致的好評與讚譽。

月桂姐多次奔波，深情探望、陪同

李應元大使赴任之際，夫人月桂姐因身負大學校長重任，未能陪同駐泰。但夫人為照顧大使，即使往返台泰兩地均須十五天隔離，仍不辭辛勞，於寒暑假期間趕赴泰國。與夫人見面的時刻，成了李大使工作之餘的最大期待。

二〇二一年七月，月桂姐最後一次來泰。在隔離期間，大使在下班後，多次驅車前往夫人下榻之曼谷長榮酒店，就在飯店大堂，兩人透過視訊相對，大使吃著台式炒米粉，夫人吃著隔離餐點。

曼谷長榮酒店的陳彥銘總經理好奇問他，在官邸視訊也可以，何必跑來飯店？李大使說：「來酒店感覺比較近，還可以隔著窗戶揮揮手，當然不同！」

如此鶼鰈情深，羨煞旁人。

李大使向隔離中的夫人揮手致意。（陳彥銘／提供）

應元的最後辭別：泰國僑界鄉親

各位鄉親，各位僑領，大家平安。

我是應元，在此謹向大家報告，因考量個人的健康因素，在總統特別允許下，應元將於近日辭職，以便返國接受醫療。

應元從去年八月底來泰國接任大使一職，一年來深受駐泰鄉親的照顧與支持，心中有無限感激與幸福。

猶記來泰之初，甫一結束隔離，應元即前往中華會館參與「紀念孫中山先生誕辰活動」，看到僑胞對中山先生崇高理想「大道之行，天下為公」的懷念與銘記，深深感動不已。期許僑胞能在中華會館的號召下，繼續團結、互助，發揚中山精神。

台灣會館與代天宮，都是應元十分感動的回憶。歷經七十多年的歷史，在歷屆主席篳路藍縷的經營下，如今已建成美侖美奐的館場與宮廟，不僅紀錄了台灣人在他鄉奮鬥扎根的歷史；歷年來發起各種愛心捐獻、回饋地方的善心義舉，更展現了台灣人「飲水思源」的精神。相信台灣會館與代天宮一定會繼續凝聚鄉情，成為台僑們在泰國共同的家與心靈寄託。

應元也特別要感謝泰國台商總會，一直以來，總商會對駐泰處的支持與協助，可謂不餘遺力。歷屆總會長，只要涉及旅泰台灣鄉親，事無大小，均能全力以赴。特別在此疫情期間，總商會將協調、聯繫的功能，發揮至極致。從日常疫情資訊的傳遞、為鄉親奔走籌措醫療設備與防疫物資、緊急向醫院預訂採購疫苗、以及愛心捐助的善心義舉等等，鄉親們都是有目共睹，也都感念、感佩在心。

還有許多僑社團、各地聯誼會，以及許許多多的僑領、鄉親們，應元也在此一併致謝，同時也為那麼匆忙道別致上最大的歉意。

今年五月感染大腸桿菌以來，應元身體漸感不適，體力也不堪負荷，唯恐有負職務所託，在與家人的商議後，決定向總統提出辭職，以便回國進行調理與醫療。事出突然，臨行在即，無法一一登門致謝、辭行，萬請各位鄉親見諒。

對於鄉親們的熱情與支持，應元時刻感念在心。如今，泰國疫情艱困異常，應元雖無法留在此地與大家共同抗疫，但相信代表處同仁們仍會克盡職責，成為大家的後盾。也相信鄉親們能像家人般相互守望、團結互助，祈願疫情早日平息，泰國回復往日榮景，鄉親們更加繁盛發達。

願台泰邦誼永存

應元敬上

最後一次的官邸會面

辭職信發布的第三天後，李大使傳訊要筆者到官邸見他。

八月天的曼谷，下午十分炎熱，外頭陽光普照，但他卻穿著高領厚棉衣，握著一杯熱茶。

即便他的返國日期仍在兩週之後，但屋舍內已收拾妥善，原本牆上的畫作被仔細包裝等待寄送回國，許多常用傢俱也被收入儲藏室，偌大官邸顯得異常空虛。

他招呼著我跟他倚窗邊坐下，管家送來一杯水，放在我前面。他略顯抱歉地說：「不好意思，現在只有水，我請他們不要再添購任何食物了。」

他先是詢問我返國時程與行政安排，以及家人安頓的問題。然後關切起台商們施打疫苗的進度，以及台商工廠防疫的情況。我一一秉報後，他慎重地叮嚀我，在最後這段時間內，務必要協助台商總會盡力去向泰方爭取疫苗，以及要代替他向僑界大老問候等語。話鋒一轉，他有感而發地說：「啟驊兄啊，身體健康真的很重要啊！」

整段談話不超過三十分鐘，快結束時，他唯恐忘記般地拿出兩本書，一本是關於泰國歷史文化的英文書，另一本則是關於台灣原鄉的畫集。台灣與泰國，這兩個地方，都是他此際最深的繫念。

他說：「我現在看書很慢，來不及看完了。」要我代替他歸還至代表處大廳的書架上。

臨別前，他送我走至門口說：「啟驊兄，保重，我們再會！」我回頭守望著他的身影，看著他緩步走上樓梯到二樓的臥室，每一步履顯得緩慢沉重。

返家一路上，我紅著眼眶，如鯁在喉，情緒奔騰。

臨行，鬥士歸去的身影

八月二十六日上午，李應元大使即將踏上歸途離任返台，雖然他事前一再提醒僑務組同仁，不要向僑胞透露他的歸程航班，若有詢問就說：「因為疫情嚴重，請大家不必費心來送機，感謝大家心意。」同時他也婉謝任何餐宴、贈禮，請大家安心在家防疫。此外，他傳訊給駐泰處所有同仁們，感謝大家一路以來的支持與協助，並請大家不需到機場為他送行，更勉勵同仁為深化台泰關係而繼續努力。

當日，現場仍聚集不少僑領們與駐泰處同仁，特意在這一天提前來到機場守候，為李大使送行。因為機場防疫措施，他的座車來到機場後仍得步行一大段距離，才能抵達中華航空公司的報到櫃檯。到場協助的同仁，雖然已備妥了輪椅，但李大使仍然選擇步行。

他下車後，自行背起簡單行囊，與夫人月桂姐倆人攜行。一路手握拳頭高舉，開開心心地向所有為他送行的僑胞們揮手，互相打氣、打招呼。

他的身影消瘦，看似孱弱，但仍然精神飽滿地大聲感謝僑胞們親來送行，也與僑團代表們一一合影寒暄。僑胞們依泰國禮儀，為大使致上鮮花串、花環，以示祝福之意。

他那令人熟悉的爽朗笑聲，遠處可聞，聲量在寬闊的泰國蘇萬那普國際機場大堂內迴盪，引人為之注目。

一群人構成了獨特的風景，像是即將歸去的鬥士，接受眾人的禮讚與歡送。

李大使離泰返台時，在機場受到僑胞與駐泰處同仁的歡送。李大使雖然身影消瘦，但仍精神抖擻與大家話別。

後記

一生具足圓滿，植存告別人世

八月底辭職返台後，李大使直接到台大醫院進行隔離與醫療。隔離期滿，他選擇回到家中，配合醫師建議，進行相關醫療。九月間，他尚神采奕奕地與家人、友人出遊。詎料十月初，突然陷入昏迷，於十一月十一日晚間六時，與世長辭，留給大家無限哀思。

他的身後事，一切低調從簡：懇辭花籃、奠儀，不另設靈堂、不公祭。

正如李大使在泰國「泰友緣」讀書會演講《漫談莊子逍遙遊》內容，充分表現了看淡生死的超然與智慧。

夫人月桂姐透露，原本李大使對後事，想以「海葬」方式進行，但考慮需雇用船隻出海，且需進行申請並符合相關規範，他不願再增加他人勞煩。後來，他受到已故聖嚴法師所倡導「環保自然葬」的啟示，改為火化後，將其骨灰於十二月二日「植存」於法鼓山金山環保生命園區。

也是巧合，李大使出使泰國時，曾應法鼓山泰國護法會之邀，與月桂姐出席「新春普佛法會活動」。當時法鼓山果暉方丈法師以視訊方式進行開示，主題即是「植存」。後來果暉方丈也親臨到場為他主持植存儀式，極具因緣。

家人希望各界追思他生前爽朗、陽光的模樣，千萬不要哭。生老病死是常態，不要悲傷，李應元一生已具足圓滿。

（王錫河／提供）

想念應元

王錫河

（財團法人安平教育基金會 董事長）

一路陪同到金山環保生命園區，看您植存後，贊嘆，這方式正符合您的個性，瀟灑俐落的人生句點，回到青山大海邊的綠地，化作春泥更護花。

您使泰期間，告訴我疫情封鎖，無法往來，國內政情資訊缺乏，要我多多提供分享。後又來訊，可能提早返國，我心中一震，不敢猜測。二〇二一年八月二十六日，您從泰國返國入境的畫面，讓人一驚與不捨。

回想二年多前，您為小英總統的連任，日夜奔走。有次在日本，考察長照政策並爭取台僑支持時，突然身體不適，急返國，直奔台大醫院檢查並手術。幾天後，您邀我到台大病房閒聊，當時我幾乎每天或隔天就會散步過去。一方面談談身體治療狀況，一方面聊聊政情。我在二〇一一年也經歷一場手術，化療、標靶治療及長期定期追蹤，所以我比較關心的是您健康問題及預作規劃。您總是樂觀的說沒問題，當然那時您的體力恢復超快，這給您更大的信心，也失去了警覺心。

當時我們談到另外一種可能，萬一治療期拉長，建議您能趁機退居幕後，轉換為顧問角色。提攜後進，當肥料灌溉下一代。自己則閒雲野鶴，煮茶靜坐，老友碰面，白頭宮娥話當年。您聽後笑笑，我知道這是空談，也不是您的個性。

一九九二年五月十五日立法院通過廢除刑法一〇〇條後，您走出土城，全台灣各地活動，我們才結識。獨盟遷台，北中南辦公室成立，許多黑名單盟員陸續回來。在台中承辦的活動也很多，您來台中總是來匆匆，去匆匆，沒機會深談。直到一九九三或一九九四年，有一次獨盟和世台會共同主辦一個「非暴力抗爭」的訓練，請來美國的大師，您與李憲榮共同負責。三天兩夜在埔里鯉魚潭邊的謝緯紀念營地，我們才有機會針對時事主題，國家未來，徹夜深聊。當時獨盟內部也有街頭路線，與選舉路線之爭論。其時陳唐山已在一九九二年任僑選立委，一九九三年選上台南縣長；後來一九九五年，您在台北縣選立委，我幫許世楷在台中市選；獨盟的路線之爭，態勢也漸漸明朗了。這一席夜聊，也開啟了您我近三十年的往來及默契。

一九九六年您任立法委員，我「北漂」到台北市政府任台北畜產運銷公司總經理及北農董事。同在台北，我們有比較多的往來。那一年三月二十三日，台灣有史以來第一次人民直選總統，中共強烈抗議，製造台海飛彈危機。當時政局變化，形勢詭譎，仍很辛苦，但是我們都感覺到山雨欲來風滿樓的氣氛。雖然黑暗，又好像看到了一點曙光。我們都很想為台灣做點事，改變台灣的命運。我的憂慮較多，而您對未來總是充滿了信心。

您在勞委會主任委員任內，二〇〇六吧，有一次陪您訪問新加坡，考察這個城市國家的國家治理，人力資源政策…。記得當時是我國第一位部長級官員受邀正式訪問新加坡的特例。新加坡政府非常重視，看得出來把您當成未來台灣的明日之星。

當時我國駐新加坡代表胡為真，是後來馬英九總統的國安會秘書長。而新加坡駐台代表柯新治，特別返回新加坡作陪。柯新治是與李光耀同期的國會議員，曾任內閣首長，也集學術、大企業董事長，政治外交於一身，資歷豐富，輩分很高。這次繁忙的公務行程之外，到了假日，邀請單位原本安排牛車水、小印度、烏節路、馬來文化村…等觀光行程。您認為我們用公費出國考察，應該多看，多帶一些精髓回去。討論後臨時更改行程，利用假日，希望參訪最精華的智庫，新加坡大學李光耀學院。柯新治代表用他的人脈，臨時安排，讓我們了解到新加坡坎坷的建國歷史，生存之道、種族政策、住宅政策、外勞政策、移民政策等立國之道。他

（月旦出版社，1993 年初版）

（新自然主義出版社，2001 年初版）

以上二書均曾推舉李應元為「政壇明日之星」、「新世紀接人」，分別由邱香蘭、陳鴻達執筆。

們如何善用新加坡地理位置優勢，擺脫困境，並以英語為第一官方語言，且尊重各母語。「面對歐美，它要成為亞洲的代表。面對亞洲，它要成為歐美的窗口。」國小志氣大，至今難忘。

過去阿拉伯產油國的王公貴族富豪，都大老遠跑到美國的醫學中心就醫。新加坡政府看到機會，在新加坡大學醫學院打造觀光醫療園區，中途攔截。他們透露，新加坡大學的觀光醫療園區規劃，也曾禮聘台灣高雄長庚醫院陳肇隆醫師團隊。

雖然您在假日改變行程，卻得到友邦政要的佩服，看到台灣本土政黨新一代菁英的努力，潛力不容忽視。也給我國駐外同仁一個鼓舞，雖然累一點，卻得到了駐在國的尊敬。

二〇〇八年，有一天您突然來電，說十分鐘到，有事商量，當時剛好有位我們共同的老友來訪，他已先到。您當我們倆的面提起，雲林縣長蘇治芬的健康情況及請您返鄉接棒，問我們的看法？那位老友先表示意見反對。我也表示我們都在都會耕耘太久了，政治焦點與運作模式清楚。若回草地，要重新適應，而且年紀越來越大，恐怕力不從心，要慎重考慮。

聽完後，您直接說您已經答應蘇治芬縣長了，而且有大老勸進。蘇治芬說要把縣府的部分人事權交給您，協助您布局下一任縣長選舉，問我有否可能一起去縣府打拚？我表示不適合，在農業縣，秘書長、局處長，您都應該就地取材。我曾在農委會任職，深深知道農業縣經營的不同，您應單身赴任，先了解歷任當地農政官員、農會組織，向他們請益。赴任前，我還是不放心，再次向您建議，能不去就不去。

後來情況有變，蘇治芬縣長因遇到政治追殺，選擇二〇〇九年再戰連任，掙脫官司。

您在雲林的服務處仍然繼續，直到蘇治芬縣長兩任結束。二〇一四年民進黨內初選，您與李進勇、劉建國三人拚提名。蘇治芬全力支持李進勇出線，您落敗。這是個很傷心的結局。充滿熱情，回到故鄉，「我本將心向明月，奈何明月照溝渠」。

初選後，有一天晚上，蘇治芬和旭宏兄一起來台北找我，表示希望能為李進勇大選募款。我心中遲疑，告訴您此事，希望您說「應付應付就好啦！」，我也想省一事。沒想到您竟回「兄弟啊，初選已經過了，現在大局會贏卡重要啦！」

佩服您，大器！自嘆弗如，羞愧。

後來您又全力協助地方整合，在雲林縣幫李進勇打贏大選。佩服您，無私無我。

您從不為自己爭取職位，但是團隊總是需要您。即使外人看來是個「人景春」的位置，您總能歡笑努力，甘之如飴，沒有埋怨。鼓舞團隊，發光發熱，扭轉局面。

人生的意義，不在於長短；人生的高度，也不在於高位。聖經有句「那美好的仗，我已經打過了。當跑的路，我已經跑完了。當守的信仰，我也守住了。」

應元兄，您的一生真的很精采！

李伯璋

（衛生福利部中央健康保險署 署長）

當得知叔叔因健康因素向蔡總統請辭駐泰代表，心中一直掛念，哥哥和我並時時關切叔叔的病情進展，期待細胞療法有奇蹟出現。無奈事與願違，叔叔終究不敵病魔，與世長辭。對於他的離世，不僅是李氏家族失去一位宗親耆老，更是台灣折損一位國之棟樑，令人悲痛！

其實，叔叔僅大我一歲，他是三叔公的小兒子，但哥哥和我並不會「沒大沒小」，見到他總是叫他一聲「叔叔」。大學聯考的成績，叔叔的成績可上第二志願北醫醫科，但是叔叔選擇就讀初創的台大公衛系，我一直很欽佩他的宏觀理念。叔叔歷任黨政公職的資歷完整，自然是我當署長後最常請益的對象之一，他指導我遇到問題時如何溝通協調，處事圓融，傾囊相授健保改革，讓我受益匪淺。重看叔叔跟我 LINE 的對話，更是感觸良多：

他告訴我，做應該做的事，不要在意政治干擾，每位政務官都是院長的人，也是總統的人，更重要的是我們都是國家的人。只要是政府中的優秀人才，不用擔心短期內被異動，但是長期來看，都不可能待在一個位子永久。其實退休可以做很多事情，但心情上需要先規劃；要勇於任事，該做就做；有時難免遇到某些政治考量，只好接受公評，倒也不必憂讒畏譏。

謝謝嬸嬸給我這機會為本書撰文以示告別之情，我在翻閱文稿及過往的照片時，叔叔樂觀爽朗的笑聲，不時猶在耳畔迴盪。我也相信，以叔叔對於台灣民主化的貢獻，以及致力推動環保、勞工政策與外交各項傲人的政蹟，將永遠留在台灣人的心中。

李敦厚

（哈佛大學 名譽教授）

李應元夫婦、我太太和我是一九七二年進台大剛創立的公共衛生學系的同班同學。依聯考得分，我們許多同學都可以進至少一家台大以外的醫學系。當年我們很難具體說出唸公共衛生系會學到什麼？有一位創系老師也告訴我們公衛範圍很廣，所以學系課程如何設計，非常傷腦筋。或許正因為老師和同學都需在一起摸索四年，同學之間相處非常融洽，老師也很照顧我們。有一幕讓我印象很深的是，行動不是很方便的前系主任吳新英教授，一九九一年拄著拐杖去探望被關進土城看守所的應元。台灣人拿自己國家的護照居然要有名為「回台加簽」的入境簽證才能返家，原本就不合情理，也違反國際人權公約。即使他有了台大公衛聘書，也屢次申請，但國民黨政府就是不發給他回台加簽。

台灣雖然已在一九八七年解嚴，但在一九九六年總統直接民選之前，民主化的改革步伐還是很慢。應元一九九〇年翻牆回台的抗議，以及許多台大老師（李鎮源、陳振陽、鄧哲明等）當年的聲援，都是冒了很多自我風險，對不公不義政府的抗爭。應元和大家的努力加速了台灣的民主化。

一九七六年後，我們班七位同學陸續申請到哈佛公衛進修。記憶中哈佛課業多，我們都非常努力忙著課業。應元和月桂在上完一年碩士班後都有機會申請博士班繼續進修。但是因為他倆專攻的領域是社會科學，而外國學生在哈佛公衛很難拿到全額獎學金或其他補助。最後他們就一同申請去UNC（University of North Carolina at Chapel Hill，北卡羅來納大學）念博士班。在UNC唸書時應元具名參與發行《台灣學生》，也因此上了國民黨政府的黑名單。其實當今的年輕人把當年發行的《台灣學生》拿來讀一讀，應該會很驚訝，那種批判社會制度與主張民主的學生報，怎能顛覆政府？顯然，獨裁的政府不是以民為主的政府。當統治者缺乏治國治民的正當性時，任何對施政者的批判都是不能容忍的。

在一九八〇年，我們公衛的老師用「上醫醫國」鼓勵我們學公衛的當「上醫」。他當記者時，親自了解國民黨政府的獨裁和種種缺失。來美國唸書時更了解了什麼是以民為主的政府，之後也能用最平和的力量，抵抗不公不義的國民黨政府。在他所屬的政黨有治權時，他也有參與台灣民主化的政治改革。台灣已轉型成遠遠超越中國共產黨，成為新興的民主國家。應元現在雖然已不再能看到台灣轉型為成熟的民主國家，但他在世時的所作所為與貢獻，已深深的打下了台灣繼續追求更完善的民主化的根基。

姚文智

（前立法委員）

最後一次興奮的心情想起他，是李洋、王齊麟奧運那一球「IN」！IN就得分，就是勝利，想到他的「台北IN起來！」接著腦中就浮現，二〇〇四年，他真的讓「台灣IN起來！」，只有應元兄，才有辦法完成「二二八牽手護台灣」那種天方夜譚的任務！

這兩年我籌備電影，討論很多腳本，曾想到：一九九〇年他挑戰威權，黑名單闖天關，流竄各地，神出鬼沒，幽默敏捷，根本是現在網路「打卡」的鼻祖，也是笑中帶淚、可以進軍世界影壇的黑色喜劇。

「牽手護台灣」的活動也應該拍成電影，這件事郭文彬形容是「震古爍今」，那一段寫得精彩（還不趕快來投資？）。當時，若沒有李應元雖千萬人吾往矣的夢想與果敢，堅持、籌劃、行動、總動員，團結IN起來，台灣人至今不曾有過「護國人鏈」！

真想學電影公司老闆江志強對梅艷芳說的，「我欠你一場電影，應元兄！」（歡迎來討論）

他永遠都是笑容滿面，熱情洋溢，返台時遽瘦憔悴，我知道只能等待奇蹟了，傳訊息給他「一起努力把你的消瘦與我的肥胖加起來除以二吧！加油！」他回我「哈哈+感謝笑臉圖」根本還是在笑，只差沒說「二二八兄弟」。

我認為至少有三件事，台灣社會低估了應元的貢獻，也減損了原本應有的價值。

第一、第二兩件就是「黑名單闖關」、「牽手護台灣」；第三件就是他在二〇〇二年參選台北市長「遷松機，變中央公園」的政見，這是真正有遠見而具體的城市夢想，他帶動了更高度、廣度的討論，這是很不容易的，後來謝長廷與我都加碼跟隨，雖然都落選。

我覺得應元是「夢想的整合者」。他總是懷抱初衷、傾聽創意、然後勇往向前、整合各方力量，行動實踐！可惜應元兄與台北市長、縣長、雲林縣長都擦身而過，不然，他一定做得很好，而且好到不行。

（摘自「姚文智」臉書）

（劉欣怡／提供）

蘇金鳳

（財團法人環境資源研究發展基金會 董事長）

應元大使，十月二日您 LINE 來一訊息「心情愉快是最佳良藥」。

您向來樂觀輕鬆面對生病，說交給醫生，尊重專業，安心養生，讓我誤判病情，以為還可安排十一月初的出遊，在毫無心理準備狀況下就接到惡耗。

您也來不及向學姐說生日快樂（十月十日提醒您沒有回訊），我就擔心可能有事發生。您在台大醫院時，我數度徘徊在加護病房口，想著奇蹟會出現。學姐告訴我，您碰到困難決不放棄，因此她努力申請恩慈計劃通過，細胞治療數次中，您眼球和嘴角可能是沒有意識的抽動，學姐分享給我，都可讓我們興奮數分鐘，期盼奇蹟會出現。

今天總統發褒揚令給您，她一定會懊惱差那麼幾天來不及看到您，我們都很不捨您的提早下課離開，相信天之國度一大片藍天綠地，您可自由奔跑飛翔，追向永恆！慟！不捨！

簡學禮

（福住建設股份有限公司 總經理）

一九八三年，我在紐約上州，埋首苦讀之際，渴望著郵箱裡頭出現的《台灣學生》」。看過幾次後，霍然發現，主編竟是我的學長李應元。那時，你已離開哈佛，在北卡念博士。黑名單在留學生之間，是公開的秘密，是大部分人避之唯恐不及，小部分人反智構陷，又一小部分人無懼挑戰的禁忌。我知道學長的選擇，令人敬佩的選擇。

一九七五年蔣介石撒手歸西，一九七八年卡特承認中共政權，國民黨主政的中華民國落入谷底，華人世界實現第一個真正民主自由的曙光出現了。你勇敢地接受這個挑戰，從列入黑名單，翻牆回台灣，揶揄威權，喚醒百合世代，終結刑法一〇〇，出戰台北市長，牽手守護台灣。

應元，你為大家做的夠多了，休息的時候到了，放心去吧！我們會陪著學姐、Robert和Wayne，還有很多很多的人，一起思念，一起訴說，你的故事，永遠的驚嘆號！

附錄

附錄一

褒揚令

表彰李應元前大使對台灣民主及外交的卓越貢獻

總統頒贈外交部駐泰國前大使李應元先生褒揚令

二〇二一年十一月三十日

蔡英文總統今（三十）日上午前往台北市立第二殯儀館出席外交部駐泰國前大使李應元先生告別式，並親頒褒揚令，表彰李前大使對台灣民主及外交的卓越貢獻。

總統在告別式中，首先頒發褒揚令，由李前大使遺孀黃月桂女士代表接受。隨後在司儀引領下於靈前獻花，並行三鞠躬禮致祭。離場前，總統也向家屬慰問致意。

總統親頒褒揚令。（總統府／提供）

褒揚令

總統褒揚令全文：

外交部駐泰國前大使李應元，亮達朗潤，瑋器敏周。少歲卒業國立台灣大學公共衛生學系研究所，旋負笈遊美，獲哈佛大學醫療管理碩士暨北卡羅萊納大學醫療經濟學博士學位，淬琢記聞，囊錐露穎。遄返歷任四屆立法委員、行政院秘書長、雲林縣副縣長等職，審謀部會政策調處，體現地方民意需求，適時應務，洞若觀火。於掌執勞工委員會暨環境保護署任內，打造「快樂勞動、循環經濟」願景，催生「台灣勞工」刊物，力促勞動權益保障；嚴明職場安全維護，構築風險管理機制，復倡提資源永續利用，加速空氣品質改善；張拓綠色循環概念，踐履無塑海洋目標，折衝運籌，宵衣旰食；謨深慮遠，胸臆自出。尤以出使美國副代表暨駐節泰國期間，厚植台美互信基礎，支持參與國際組織；協成對台重大軍售，確守兩岸武備平衡，嗣強化台泰醫衛交流，集結朝野友我能量；推升雙邊經貿關係，悉心商情媒合措置，壇坫馳騁，榮邦睦誼，爰有「天生的外交官」令譽揚聲。詎意鴻猷迭展，遒以茂年驟逝，悼惜曷勝，應予明令褒揚，用彰俊彥，而表遺徽。

本文轉載自《總統府》

局審訊後返家，當晚被發現陳屍於台灣大學研究生圖書館旁。

1983 ◆成立北美洲台灣學生社；秋季，發行《台灣學生》雜誌，並擔任發行人。

1986 ・9月，民主進步黨於圓山飯店宣布成立。

◆夫妻兩人獲知，護照加簽被註銷，遭列入海外黑名單。

1988 ◆取得美國北卡羅萊納大學教堂山分校健康經濟學博士。

・同年1月，蔣經國逝世，李登輝繼任總統。

1989 ◆2月，獲得台灣大學醫學院聘書，但因黑名單無法回國，後來轉往美國南達科塔大學任教；

・4月，台灣發生「鄭南榕自焚」事件；《自由時代》雜誌負責人鄭南榕，因堅持百分之百的言論自由，他選擇在國民黨政府的逮捕行動中自焚身亡。

◆5月，獲選為台灣獨立建國聯盟最年輕副主席；

・6月，中國發生天安門事件。

1990 ・3月，台灣發生「野百合學運」（或稱三月學運）；

◆7月，突破黑名單禁令翻牆回國，在同志友人的幫助下，全台遛轉14個月，與情治人員大玩「捉迷藏」。

1991 ・5月，台灣正式廢除「動員戡亂時期臨時條款」，結束長達43年的動員戡亂時期（1948年5月10日～1991年5月1日）。

◆9月 遭情治人員識破而逮捕，進入土城看守所9個月。

1992 ・5月15日，刑法一百條修正通過；

◆5月23日，與其他同志，獲無罪釋放出獄。

1994 ・台灣首次舉辦省長、北高直轄市長民選，分別由宋楚瑜、陳水扁、吳敦義當選。

附錄二

李應元大事記要

1953 ◆3月16日生於雲林縣崙背鄉。

1960 ・台灣爆發「雷震案」，雷震等人組黨行動失敗被捕。

1961 ・台灣發生「蘇東啟案」，時任雲林縣議員的蘇東啟，因被指涉嫌支持台灣獨立而被捕，先遭判處死刑，後改判無期徒刑。

1965 ◆崙背國小畢業。

1968 ◆虎尾中學畢業。

1971 ◆台中一中畢業。

1972~1974 ◆參與蘭嶼醫療服務隊及防癌醫療服務隊。

1976 ◆台灣大學醫學院公衛系畢業；抽中「金馬獎」，前往金門當兵。

1977 ・台灣發生「中壢事件」。

1978 ◆從金門服預官役退伍；擔任台灣時報記者；

・12月，美國宣布自1979年1月1日起與中華民國斷交，與中華人民共和國建交。

1979 ◆與黃月桂共結連理，牽手一生；

・12月，台灣發生美麗島事件。

1980 ◆台灣大學公共衛生研究所畢業；夏天，與牽手黃月桂赴美留學。

・該年228日，台灣發生「林宅血案」，因美麗島事件而身陷牢獄的林義雄，家中遭不明人士侵入，其母親及兩名雙胞胎女兒遇害身亡，大女兒身受重傷。

1981 ◆取得美國哈佛大學醫療管理碩士；轉往美國北卡羅萊納大學教堂山分校公共衛生學院進修博士；

・7月，台灣發生「陳文成事件」，旅美學者陳文成遭調查

場遷移、首都科學園」等多項政見。最後仍由具基本盤優勢的國民黨籍馬英九當選。

2003 ◆擔任民進黨副秘書長，同時擔任陳水扁總統競選總部副總幹事。

2004 ◆ 2 月，面對中國政治脅迫，李應元策劃發起「二二八手牽手護台灣」活動，超過 200 萬人參與，以手牽手結成人鏈串連台灣南北兩端數百公里長，表達「不畏威脅、守護家園」心聲。是台灣有史以來最大規模的群眾活動，對當年總統大選產生關鍵性影響；

・3 月，陳水扁以微小的差距險勝連宋配而贏得總統連任。

2005 ◆ 2 月，謝長廷時任行政院院長，李應元再度擔任行政院秘書長，並兼任政務委員，以發揮其協調溝通與折衝長才；

◆ 9 月，李應元出任行政院勞工委員會主任委員，任內推動「全國職場二二二減災方案」，設置工安大使宣導職災救護觀念（2005 年 9 月 19 日～ 2007 年 5 月 21 日）。

2007 ◆ 5 月，主動請辭勞委會主委；與葉菊蘭等人從雲林朝天宮出發，三天步行百公里，到高雄參加謝長廷的總統選舉造勢晚會，用實際行動相挺；後擔任謝長廷競選總部總幹事。

2008 ・3 月，總統大選綠營敗選；馬英九、蕭萬長當選正副總統；

・5 月，蔡英文擔任民進黨黨主席，承擔重責，帶領民進黨從谷底再出發；

◆ 7 月，受雲林縣縣長蘇治芬之邀，出任雲林縣副縣長（2008 年 7 月～ 2009 年 7 月）。

2009 ◆ 7 月，請辭雲林縣副縣長，投入雲林區立委補選，但爭取黨內提名未果，由劉建國代表民進黨參選並且當選。

2010 ◆民進黨黨主席蔡英文參選新北市市長，積極投入輔選，並協助推動成立小英之友會。11 月，由國民黨朱立倫勝選。

1995 ◆ 12 月，首次參選第三屆台北縣（今新北市）立法委員，順利當選。

1996 ・3 月，台灣舉行首次總統直選，由國民黨籍李登輝、連戰當選正副總統。

1997 ◆於立委任內，積極推動健保修正案，為後來健保體系打下良好基礎。

◆再次投入參選雲林縣長，於黨內初選中，些微差距落敗給同黨籍廖大林。該年雲林縣長由國民黨籍蘇文雄當選。

1998 ◆ 12 月，連任台北縣立法委員；獲澄社評鑑為優良立委。

1999 ◆發生「九二一地震」。李應元積極募集資源，緊急送往災區賑災。同時號召菜販成立災區熱食供應站，每天免費提供熱食。

◆ 8 月，擔任民進黨立委黨團總召。

◆ 11 月，雲林縣長蘇文雄病逝，李應元因遷籍雲林不滿四個月，無緣參加補選，改以總幹事身分，為同黨候選人林中禮輔選，最後敗給無黨籍的張榮味。但他的賣力輔選，為 2000 年總統大選打下良好基礎。

2000 ・3 月，陳水扁、呂秀蓮當選正副總統，完成首次政黨輪替，也結束中國國民黨在台灣長達 55 年的執政。

◆ 11 月，出任駐美副代表，為民進黨首位駐美外交官。

2001 ◆政黨輪替後，陳水扁總統首次過境美國，李應元組織僑社與二十一位美國會議員，冒雨從華府前往紐約機場迎接，成功完成一次「過境外交」。

2002 ◆ 2 月，受行政院長游錫堃延攬，出任行政院秘書長，並負責召開每週的黨政協調會議；

◆ 6 月，辭去行政院秘書長；受民進黨徵召參選台北市市長選舉，提出「取消建築高度限制，讓台北亮起來、松山機

◆ 11 月，在駐德謝志偉大使安排下，由李應元署長擔任團長，出席在德國波昂召開聯合國氣候變化綱要公約第 23 次締約方大會（COP23），成為一次經典的環保外交。

2018 ◆ 7 月，李應元署長率團訪問越南，與越南環境資源部部長交換意見，這是首次台越雙方部長級人物公開往來活動；

◆ 9 月，英國《經濟學人》期刊，刊登對李應元署長的訪問，暢談台灣的垃圾處理與資源回收，對台灣環保績效多所肯定。

◆ 12 月，台灣舉行「九合一選舉」，綠營縣市長大敗，總數 22 席中只拿到 6 席，國民黨則取得 15 席。李應元辭去環保署長一職。

2019 ◆ 7 月，接受海外小英後援會邀請，赴美巡迴演講，呼籲海外僑界團結支持蔡總統連任、守護台灣。

◆ 10 月，訪日考察日本長照制度，期間發現身體有恙，返國後就醫確認罹患壺腹癌，進行手術及化療。

2020 ・3 月　民進黨蔡英文、賴清德當選正副總統。

◆ 5 月，蔡英文總統派任李應元擔任駐泰特命全權大使；

◆ 8 月，正式赴任（2020 年 5 月 20 日～ 2021 年 8 月 31 日）

2021 ◆ 8 月底，因病請辭返國。

◆ 11 月 11 日 18 時 30 分，昏迷近月後病逝。

2012 ◆民進黨不分區立法委員。

2013 ◆ 10 月，爭取雲林縣縣長提名，再度於黨內初選落敗。由前雲林縣代理縣長李進勇代表民進黨參選。

2014 ・3 月 國民黨立院黨團強行通過《海峽兩岸服務貿易協議》，爆發「太陽花學院」，大批抗議學生組織、社運團體佔領立法院達 24 天；

◆ 11 月，柯文哲以「素人参政」競選台北市長，李應元以黨政平臺秘書長角色，協助柯文哲當選台北市長。

2015 ◆ 5 月，民進黨總統候選人蔡英文展開為期 12 天的「點亮台灣 ・ 民主夥伴」之旅，參訪美國東西岸六大城市，出席台僑餐會募款兼造勢。李應元是全程陪同的重要推手。蔡英文更創下先例，以「總統參選人」身分走進美國國務院，會晤時任副國務卿的布林肯等官員人。

◆ 7 月，李應元、王定宇與范雲等人，應邀前往紐澤西州的美東台灣同鄉夏令會，與僑胞們一起分析兩岸局勢，同時也探討台灣時局。

2016 ◆ 1 月，民主進步黨籍的蔡英文、陳建仁當選正副總統；李應元以第十四順位當選民進黨不分區立法委員（民進黨共 18 席）。

◆ 4 月 12 日，新任閣揆林全宣布延攬李應元擔任環保署署長（520 就職）。

2017 ◆ 9 月，哥倫比亞大學沙賓氣候變遷法律中心邀請李應元署長前往紐約聯合國總部發表 SDGs 報告；

◆在 AIT 和台灣駐美國的台北經濟文化代表處（TECRO）安排下，李應元署長與美國環保署署長史考特 ・ 普魯特（Scott Pruitt）進行會面，並見證 AIT 和 TECRO 舉行的雙邊環保合作續約儀式，雙方未來將繼續共同因應區域和全球的環境挑戰。

「李應元」粉絲團發起
「一人一留言，想念李應元」活動，
邀請大家來分享您所知道的李應元、您所認識的李應元。→

李坤城 新北市議員
懷念 # 李應元
應元秘書長是政壇公認記性好，很會認人的政治人物。
我記得他陪我掃市場的時候，常會有民眾過來跟他打招呼，然後跟應元秘書長説他是某某某的什麼人，他馬上就可以把兩人的關係説出來，立刻拉近了與民眾的距離。這個認人的功夫，應該是政壇最強的！

蘇孔志
應元秘書長在 2002 年台北市長選舉曾説過：「個性決定命運，一個城市市長的個性決定這個城市的命運」，雖然最後未能勝選，但這句話，卻從此不時在我的腦海裡～
「只有克服，沒有屈服」
從衝破黑名單，一直到最後從政，應元秘書長都是用他的行動，告訴我們這一點。
也因為有應元祕書長這樣的個性，才有 228 牽手護台灣活動成功的結果～
謝謝秘書長～真的還是覺得很不捨。

張之豪
我第一次看到李應元，是在政論節目上，那時候不叫政論節目，叫 call-in 節目，李濤的 2100 全民開講。
李應元經常代表民進黨上節目，而他頭腦犀利，口才辦給，但是一臉燦爛陽光的笑容，總是把很生硬的政治論爭，給予一抹溫暖，也讓人感到可親。
我尤其印象深刻地，是他一口非常優美的台語，很文雅，又能談論很深入、很高層次的話題，這也激起我，一定要把台語練好的動力。
幾年後，我才知道，台語講這麼婧氣的人，其實是客家人，不過，是雲林特有的，詔安客家人，所以他是從小就沈浸在台、客兩個語言之間。
他有著 80 年代那些黨外前輩的民進黨人的氣息，但又更多一些。
他的遣詞用字與氣質，既鄉土又親切，但是，他在美留學，學有專精，一種揉合留美精英與草根鄉土的特殊氣質，在當時台灣的時空背景與文化脈絡下，相當稀有。
也讓我傾慕不已。

附錄三　彩蛋：一人一留言，想念李應元

蕭俊銘

第一次近距離與李應元前輩一起工作，是在 1997 年蘇貞昌院長第一次競選台北縣縣長的時候，當時得知縣長勝選的時候，我拿著這瓶慶祝勝選的紅酒給蘇貞昌院長及您簽名，您也很爽朗的答應了，這一夜的勝利喜悅留念至今。

第二次再遇到您，是為了籌備 2004 年的 228 牽手護台灣活動，當時您第一次提出這樣構想的時候，很多其他的前輩們先是感到驚訝，甚至有些懷疑，您依舊以一貫樂觀的笑容帶領大家一起完成這台灣史上的大創舉，讓世界看到台灣人抵抗中國的決心。

謝謝您，走在國民黨徒威權惡政的黑暗中，依舊硬頸的為我們這些後輩打開了自由台灣的路。

李國豪

李應元是民主的鬥士，雲林的光榮，他燦爛的笑容，平易近人的態度，是政治人物的典範，他的離世讓人感到不捨與悲傷。

Ya Wen Chen

感謝您，曾經在因緣際會下，收到您鼓勵安慰的小卡片，簡單的幾個字：“生命如此美好”

我永遠記在心裡，內心很不捨您的離開。

楊斯棓

應元兄分享，他十幾歲已奠定其交友哲學：「與人相交不問身分，對每個人都非常尊重。」

他也分享他的人生哲學：

「不論一個人做什麼，快樂最重要，不論這個工作辛不辛苦，收入多少，都要自問：你快樂嗎？」

「例如我投入社會運動，即使在逃亡、坐牢期間都覺得很快樂。」

「要懂得欣賞自己與別人，每個人把自己照顧好，有能力再去幫助他人，讓我們的國家，我們的社會好起來，這樣個人也都會好起來。」

我後來歸納，什麼事情，會被應元兄認定是一件快樂的事情呢？發生在眼前的每一件事！

Lewis Lin

醫藥界的好朋友，2002 年擔任行政院祕書長時，業界有事都會請他主持公道，立即行動、速效是他處事民情的原則，這種官員現已找不到了，感恩應元兄、非常不捨。

KS Chen

應元，敬佩的勇者，容我直接這樣稱呼，在替您開車的那些日子裏您總是沒有官架子，平易親和，常常一聲（阿勝）不然就是一句（兄弟啊），聽起來有如家人般的溫馨，內心由衷感佩，您在美國台獨聯盟奮鬥以及回台灣為這塊土地無私的奉獻都將永留史冊，尤其是 2004 年 228 牽手護台灣可以說是台灣近代史能夠動員最多人參與中最艱困也最成功的一次，讓台灣沸騰起來，可說是史無前例，至今只有您有魄力與智慧做到，還有很多值得讓人學習的事情就讓其他人來緬懷，別了，安息吧！永遠的勇者智者，相信您無論在何方都會護衛著我們這個美麗的家園寶島台灣。

Sky Chen

2015 年，我在委員辦公室當助理。和當時的女友交往五年，可是女友父親一直沒有想放女兒結婚的意思。

委員知道後，特地安排一桌，請辦公室同仁陪同，一起請女友父親和姊姊吃飯，全程談笑風生，天南地北無所不聊，直到最後要結束前才提到想喝我們喜酒的事。

女友父親本來還在打太極：「我是沒有什麼意見啦 !! 可是年輕人要自己考慮清楚，萬一將來有什麼問題 ...」

委員馬上接話：「這個您放心，志維如果有什麼亂七八糟的，我負責把他教好 !! 那這件事就這麼定了喔，我們來拍張照紀念一下 ~」

因為當年這頓晚餐，才有今天結婚五年幸福的我們。

謝謝老闆 !! 您教我的全部都有放在心上，一點都沒有忘掉。

王婕

紐約黑名單家屬，向北卡黑名單致敬，心裡永遠的痛。

Hsin Chen Sung

2016 年 9 月有幸參與李署長率團到歐洲考察循環經濟。在荷爾鹿特丹拍下這張照片，當時只覺得署長的背景像那尊雕像般，頂天矗立。

日後偶然得知這尊雕像是非常有名的「毀滅之城（The destroyed city）」是荷蘭鹿特丹市的一座青銅紀念雕塑，為了紀念 1940 年德國轟炸鹿特丹，摧毀了該市的中世紀中心。然而現在的鹿特丹重生，欣欣向榮，充滿生機。

署長在環保署期間，推動資源回收循環經濟不遺餘力，也很重視海洋廢棄物的治理。他的精神就像這尊雕像般，支撐我們，「對的事就要堅持」。

林智堅

謝謝李大使在擔任環保署長期間和我們共同推動許多工作。就像我們一起在食物森林種下菜苗、撒下種子，李大使對台灣民主的貢獻，會永遠留在我們心中！

管碧玲

那一陣子，我們就像是這樣：很累了，但還是堅持著！

您最後去泰國，也是一樣：很累了，但堅持奉獻台灣！

人會離開！精神會留下來！

賴澤民

當年牽手台灣是我第一次參與的民主活動，也是我最驕傲的一次參與活動。

在大村正新輪胎廠對面的空地，跟著旁邊大人們一起迎接牽起手的那一刻明白了我們對這片土地的熱愛。

李大使應元前輩一路好走，你是值得我們台灣人永遠緬懷的民主先鋒。

Jessie Chen

你總是把場子熱到小英都只想聽你説拉者你要你繼續説。

葉國基

懷念李應元兄弟。和他這一生見面不過五六次，回憶卻非常深刻，記得公元 2000 年時北美洲十幾個獨派社團代表群聚在華盛頓 DC，籌備成立世界台灣人大會 WTC，那個時候我是加拿大台灣同鄉會長，李應元是台灣駐美副代表，我們一起在雙橡園聚會午餐，他問我怎麼有時間來參加，我跟他說我有一個店剛好火災燒掉，以後我有很多時間可從事海外台灣人運動，他手搭在我肩膀慰問說以後確實你有很多時間了。他回到台灣以後我們見了幾次面印像比較深刻的是 2004 年總統大選結束，連宋之亂在凱道舉行，很多警察在旁邊管制，我去立法院拜訪他之後共同搭立法院聯絡車去外交部拜會北美司，司機看到警察圍著很生氣耐不下性子，李應元馬上跟他說，不能這樣，警察都是我們台灣子弟，他們很辛苦要對他們客氣些，由此可見他是一個親切很會體會蒼生，能了解辛苦的基層公務人員。

Pei-Yi Chen Wang

感謝您對台灣的民主貢獻！
在 2002 年台北市長選舉期間，我有幸在您的「鮮花、音樂、肥皂箱」演講中出一份力。場場的街頭肥皂箱演講，結束音樂部份，您都很親切的問候，很佩服您的超強記憶力。除了您的主講，也有許多助講員，包括陳儀深教授、鄭麗君前文化部部長、涂醒哲前嘉義市長等等。肥皂箱的理念與創意，讓還是大學生對台灣政治懵懵懂懂的我，有了新的想法。所以當年選輸的時候，我不甘心了很久。
一直以來都有在關注您政壇上的動向，期待您對台灣有更多的幫助。看到您的病逝，心情很低落，台灣少了一位有理想、有創意、勇敢一心為台灣的民主鬥士。

Shan Hua Lin

謝謝您，讓我們有幸參與 228 牽手護台灣。記得那天，我站在延平北路靠台北橋方向，人非常多，台北橋上，是三條人龍，沒有車子。相信您現在沒有病痛了，已登佛國。

Yuting Wu ✔

應元與我的兩三事

擔任李應元立法委員的國會法案助理是我第一份正職工作，當時的我是奮青一枚，一股腦想把學習一二十年來的功力投諸職場貢獻社會人群，進立法院做法案助理是我當時的理想，應徵了兩三位委員國會辦公室，只有李應元是在百忙中閱讀了我的碩士論文並且親自面試，相較於其他是由辦公室主任只看履歷就說明天有空就來上班的草率，這是我第一次感受到李委員的真摯誠懇與溫暖。

在立法院的時光裡，協助寫了無數的質詢稿以及法案草案，讓我印象最深刻卻是一件烏龍糗事，有一回幫委員約了要去拜會外交部長的行程，糊塗的我居然弄錯日期（提早了一天）讓委員就這樣去了外交部，知道後我心裡非常懊悔自責，想應該會換來一頓嚴厲責備，只記得當時委員回到辦公室後拍拍我的肩膀說下次要多注意，笑笑說因為弄錯時間讓他突襲了部長室，部長不在反而有空跟秘書們聊天喝咖啡。我心裡很感謝委員沒有當場責備我讓我難堪，這個失誤我銘記至今。

應元讓我感受到的溫暖還不僅於此，記得 1997 年底的縣市長大選，李應元委員擔任蘇貞昌候選人的競選總幹事，我們整個國會辦公室同仁投入台北縣長的選戰，當時選情非常緊繃告急，大家印象深刻於盧修一委員在選戰最後一夜支持的感動，真的讓我感動的是在那場十幾萬人的造勢晚會結束後，人潮散去留下整片廣場的垃圾，應元與在場的志工們大夥留下來整理場地，一直鼓勵疲累的伙伴們最後一哩路了，叮嚀著明天天亮後要還給這片廣場乾淨舒適。看著夜深了委員還與大家一起清理著，不論隔天投票的結果是如何，能有這樣的風範我們已經是贏家。

郭昭宏 ✔

感謝您對臺灣的執著，大家戲稱您為「憨元」，實不知是對您為堅持理想而隱忍妥協的尊敬。絕頂聰明的您，何嘗不知迂迴前進目標的無奈，哲人遠已，後人持續努力。感謝您、感謝您。家人無私的奉獻。

Ring Ma

2004 年的牽手護台灣活動，辦得超級酷！爸爸媽媽只是很平凡的一般民眾，那是他們第一次站出來參與公眾活動，就算到了 2021 年，他們依然津津樂道那次有幸可以參予那麼精彩有意義的活動。謝謝您為台灣付出的一切，李應元先生您辛苦了！

Ray Shih

謝謝李大使一路上支持對的事，為了少數族群努力不懈，例如您是第一位支持同性婚姻的閣員，真是有雖千萬人吾往矣的氣魄。謝謝您。

謝咖里

離開的人其實沒離開，他一路努力送我們走到了今天。# 敬你一杯咖啡

Soupman Lin

25 年前邀請李應元前輩來台北東門教會跟大家分享”生涯規畫”
雖然宗教信仰不同，但前輩不但提早抵達跟我們一起用餐，謝飯禱告也一起參與，完全展現他對事認真，對人尊重的人格特質。
前輩的分享結論是：生涯就是一場沒有規劃的規劃，努力活在當下。
結論恰恰就是印證了他精彩的一生呀！

詹舒婷

老少咸宜，永遠愛你！

しらぬい あらし

台北市長我有投你唷，雖然沒能讓你當選，但你仍然在其它位置繼續看顧台灣，這些我都有看在眼裡，請好好休息，接下來我們會替你繼續守護你深愛的這個地方。

黃維廷

應元前輩謝謝您，您辛苦了。

我永遠忘不了 2008 年總統大選開票結束後，在長安東路長昌競選總部台下哭紅雙眼的我，散場時您緊握我們支持者一雙雙手的說：「是我們努力不夠，不要灰心，我們再一起加油。」

您溫暖堅定的笑容真的給我們很大的力量，希望您一路好走，在台灣獨立之前我們會繼續堅持下去，剩下的就交給我們吧。

Meili Chow

第一位遠到印度達蘭薩拉會見達賴喇嘛的台灣國會議員。當台灣人對圖博運動還認識不多時，應元兄就因為過去在美國合作經驗和國際視野，成為台灣早期圖博運動的支持者之一。

Cheng-iông Âng

1990 年黑名單闖關回台，拍下以總統府憲兵為背景的照片，國民黨氣死了，但我們好爽嘖嘖稱奇，才知道他回國前已訓練到別人突然背後叫他李應元都不會轉頭。

2002 年台北市長選舉，沒人敢跟馬英九競選，面對炮灰式的選戰，李應元始終笑容以對，自告奮勇，期待 in 的結局。

最後一次看到他已是 2011 年總統選舉前，某次募款餐會結束，他跟每個人招呼致意，見到年僅 4 歲的小熊竟也彎腰俯身非常誠摯的跟妹妹讚美她的可愛，臉上依然是不會累的笑容。

願應元仔安息！台灣很優秀的人大多英年早逝，留下日益美好的台灣給人庸碌活著、也給那些吸別人血活著的。

王澔平

也是有一次在高雄捷運上，李大使上車就站在旁邊，然後很親切的自然打招呼問說是那裡來還是本地人，我回他住彰化他就說歡迎常來高雄玩，看到他離開了心裡難過好幾天。

感謝各界撰文追憶應元，每一篇都很有代表性，
很遺憾本書篇幅有限，無法一一列入。
在此與讀者分享幾則。歡迎大家持續到「李應元」粉專留言→

高天生

黃文龍
陳政宏
林崑峯

鄭麗伶

陳鴻達

羅劍寬
吳秀惠

劉重義

黃文局

附錄四

追憶應元：遺珠之憾／番外篇

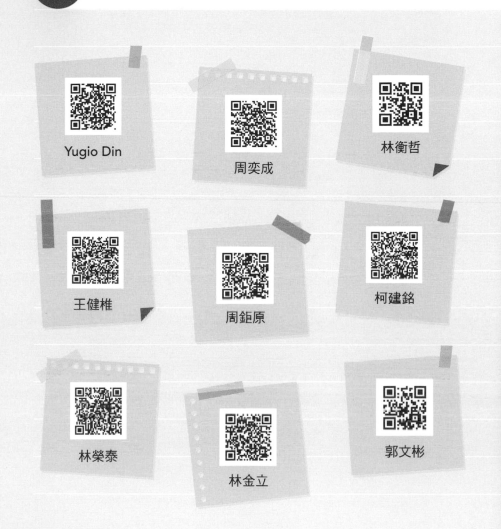

Yugio Din

周奕成

林衡哲

王健椎

周鉅原

柯建銘

林榮泰

林金立

郭文彬

李應元 牽手一生護台灣

編輯委員

王錫河 · 洪美華 · 張子敬 · 黃月桂 · 蔡鴻德 · 蘇金鳳（依姓氏筆劃排序）

編撰小組

陳鴻達 · 林啟驊（以下依姓氏筆劃排序）

王如敏 · 陳益明 · 陳財能 · 黃巧逸 · 謝秉憲 · 鍾宏仁

特別感謝

文稿提供者

林文義 · 林郁容 · 郭國文 · 廖宜恩

圖片提供者

中央社 · 尹士英 · 台灣路竹會 · 行政院環境保護署 · 邱萬興 · 泰友緣讀書會

孫樸圓 · 張大魯 · 郭修敏 · 泰國台灣會館 · 陳彥銘 · 劉欣怡 · 謝長廷 · 總統府

封面攝影 | 張大魯
封面設計 | 盧穎作
美術設計 | 陳慧洺 · 蔡頌德
責任編輯 | 莊佩璇 · 何　喬 · 謝宜芸 · 黃麗珍
出　　版 | 幸福綠光股份有限公司
地　　址 | 台北市杭州南路一段 63 號 9 樓
電　　話 |(02)23925338　傳　　真 |(02)23925380
網　　址 |www.thirdnature.com.tw
E-mail |reader@thirdnature.com.tw
印　　製 | 中原造像股份有限公司
初　　版 |2022 年 3 月
初版 2 刷 |2022 年 4 月
郵撥帳號 |50130123 幸福綠光股份有限公司
定　　價 | 新台幣 550 元（平裝）

ISBN 978-626-95709-0-4
總經銷 | 聯合發行股份有限公司
新北市新店區寶橋路 235 巷 6 弄 6 號 2 樓
電話：(02)29178022 傳真：(02)29156275

國家圖書館出版品預行編目資料

李應元：牽手一生護台灣 / 陳鴻達 · 林啟驊等編撰 -- 初版 . -- 臺北市：幸福綠光，2022.03　面；　公分

ISBN　978-626-95709-0-4（平裝）

1. 李應元　2. 台灣傳記

783.3886　111000538